史學研究叢書・歷史文化叢刊

基督教傳教士對中國猶太社團的調查和研究（1605-1945）

張騰歡 著

目次

緒論

　　自利瑪竇（Matteo Ricci）十七世紀發現中國猶太人，並將這一消息傳到歐洲之後，許多西方人不遠萬里來到開封，其中以基督教傳教士居多。[1] 一些基督教傳教士對中國猶太人的宗教信仰、生活習俗等做了記載，並以書信的形式將所見所思寄往歐洲。基督教傳教士對中國開封猶太社團的訪察大致分為兩個階段，前期來到開封的多為耶穌會士，後來新教傳教士成了主力軍。前一階段，十七世紀末至十八世紀初到訪開封的葡萄牙耶穌會士駱保祿（Giampaolo Gozani）、法國耶穌會士孟正氣（Jean Domenge）、宋君榮（Antoine Gaubil）在開封停留了較長時間後，留下了較為豐富的記載，他們的見聞引發了歐洲人的濃厚興趣，隨後探訪者不斷。其間經歷禁教風波，訪問一度中斷，後因時局大變，開封猶太人與外界聯繫恢復。耶穌會士後為新教傳教士取代，後者也開始將目光投向開封猶太社團這一獨特群體。二十世紀初，加拿大聖公會傳教士懷履光在開封居住二十五年，後將其見聞著成《中國猶太人：開封府猶太人事蹟彙編》[2] 一書。

　　以上基督教傳教士的訪問活動便形成了我們今天所看到的傳教士文獻。傳教士文獻是中國猶太社團的碑文、族譜和經書之外，研究中

1　到訪開封的西方人中僅有極少數為非基督教徒或世俗人士，為便於敘述，也為了突出重點，將題目定為「基督教傳教士對中國猶太社團的調查和研究」較為妥當，但不排除對非基督教教徒相關調查的論述。

2　William Charles White, *Chinese Jews: A Compilation of Matters Relating to the Jews of K'ai-feng Fu*, Toronto: University of Toronto Press, 1942. Second edition, 1966.

國猶太社團問題的最重要史料。傳教士文獻大體上分耶穌會士文獻和新教傳教士文獻。耶穌會士文獻主要由駱保祿、孟正氣和宋君榮記載，後以書簡通信的形式寄至歐洲。這些文獻除少數較早刊布外，大部分塵封在耶穌會檔案館，不為世人所知。一九八〇年，法國巴黎耶穌會檔案館管理員榮振華（Joseph Dehergne）與澳大利亞高等教育學院的李渡南（Donald D. Leslie）合作，在羅馬和巴黎首次刊布了這批書簡，將其結集成書。一九八四年又出了第二版，書名為《中國的猶太人：十八世紀入華耶穌會士未刊書簡》[3]。一九九二年，中國學者耿昇首次將書簡翻譯介紹給國內學界。[4]二〇〇五年，該書再版，並新增加了若干篇西方學界研究論文。[5]榮振華和李渡南漢學造詣精深，二人通力完成的這一工作對開封猶太人研究起了很大的促進作用。

新教傳教士文獻的分布則較分散，但喬治·史密斯（George Smith）、懷履光、波拉克（Michael Pollak）等人注意搜集相關原始材料，使十九世紀中葉以來基督教傳教士探訪中國猶太社團的歷史軌跡逐漸清晰起來，散見於眾多報刊雜誌以及專著中的相關材料得以較完整地留存下來。詹姆斯·芬恩（James Finn）的《中國猶太人的孤立聚落》[6]、懷履光的《中國猶太人》、李渡南的《中國猶太人遺存》[7]、

---

3 Joseph Dehergne, S.J. ET Dr. Donald Daniel Leslie, *Juifs de Chine: A Travers La Correspondance Inedite des Jesuites du Dix-Huitieme Siecle*, Institutum Historicum S.I., Roma & Paris, 1984

4 （法）榮振華、（澳）李渡南等編著，耿昇譯：《中國的猶太人》，鄭州市：大象出版社，2005年版。

5 新增加的論文為西班牙入華耶穌會士管宜穆（Jerome Tobar）的〈開封猶太人碑題〉、法國學者娜婷·佩倫（Nadine Perront）的〈中國的猶太人——開封和上海猶太人社團的神奇歷史〉、法國漢學家考狄（Henri Cordier）的〈中國的猶太人〉以及法國漢學家伯希和（Paul Pelliot）的〈為利瑪竇提供資訊的開封猶太人艾氏〉。

6 James Finn, *The Orphan Colony of Jews in China*, London: James Nisbet & Co., 1872.

7 Donald Daniel Leslie, *The Survival of the Chinese Jews: The Jewish Community of Kaifeng*, Leiden: E. J. Brill, 1972, p.31.

波拉克（Michael Pollak）的《清朝官吏、猶太人和傳教士──猶太人在中華帝國的經歷》[8]中囊括了較多相關史料。尤其是波拉克的論著吸收了前人的研究成果，以生動的敘事手法將傳教士的探訪活動做了全方位考察。

另外，國外學者編輯的若干中國猶太人研究書目也提供了大量參考和原始材料。羅文達（Rudolf Lowenthal）的《早期猶太人在中國：補充書目》[9]、弗蘭克‧約瑟夫‧舒爾曼（Frank Joseph Shulman）的《中國的猶太人以及唐代至一九九〇年代早期的猶太人在中國流散史》[10]都為相關史料搜集做出了貢獻。從這些研究書目來看，其中較重要者已為外國學者充分利用，並做出了較大成績，李渡南、波拉克的名著都借助於這些書目提供的資訊。

從利瑪竇開始，中經駱保祿、孟正氣、宋君榮到懷履光，時間跨度長達三百餘年，其間正是中國猶太社團由興盛走向衰敗的重要時期，他們的記述是後人瞭解這一時期開封猶太社團史的重要史料。借助於這些史料，中外學者圍繞中國猶太人的入華時間、年代、路線及其會堂經書、宗教信仰、生活風俗、同化原因等問題展開了一系列富有成效的研究。

有關中國猶太社團的研究，成果已相當豐碩，對現有材料的充分利用已使中國猶太人問題已成為一個相對成熟的學術領域。二〇一一

8　Michael Pollak, *Mandarins, Jews and Missionaries: The Jewish Experience in the Chinese Empire*, Philadelphia: The Jewish Publication Society of America, 1980.

9　Rudolf Lowenthal, The Early Jews in China: A Supplementary Bibliography, *Folklore Studies* (Peking) V, (1946).

10　Frank Joseph Shulman, *The Chinese Jews and the Jewish Diaspora in China from the T'ang Period through the Early 1990s: A Classified Bibliography*, Prepared in Conjunction with the International Conference "Jewish Diasporas in China: Comparative and Historical Perspectives", Harvard University, August 1992.

年，由李景文、張禮剛等編校，張倩紅審定的《古代開封猶太人——中文文獻輯要與研究》[11]一書出版，該書對中文史料以及近代以來中國學者對開封猶太人的研究進行了系統梳理和資料彙集。另外，從社團文獻考察開封猶太社團已湧現不少有分量的成果。先賢如陳垣、潘光旦、孔憲易、龔方震等做了奠基工作，魏千志、徐伯勇、王一沙、張倩紅、張禮剛、劉百陸、趙廣軍等也取得了較大的成績。這些論文注重從猶太文化的角度進行深入分析，且運用了大量傳教士文獻，多有創見。這些學者在社團本土文獻與傳教士文獻的整理與考析方面有重要貢獻。

然而在國內學界，有關基督教傳教士與中國猶太社團的關係則還缺乏系統的梳理，傳教士文獻的形成和流傳過程還需探究。在國內，江文漢所著《中國古代基督教及開封猶太人》[12]中有一章敘述西方傳教士對開封猶太人的調查訪問史，但囿於當時客觀資料搜集和寫作條件，缺乏對傳教士文獻的系統考察。耿昇於二〇〇〇年第四期發表於《西北第二民族學院學報》的〈西方漢學界對開封猶太人調查的歷史與現狀〉，是國內第一篇較為系統地敘述西方世界對開封猶太社團調查訪問史的專文，二〇〇七年第二期的《河南大學學報》又發表了他在前文基礎上撰寫的〈西方人對中國開封猶太人的調查始末〉，兩文主體部分大多取自法國學者娜婷・佩倫所著《中國的猶太人》，譯介作用頗大。二〇一一年第一期的《鄭州大學學報》（哲學社會科學版）刊發了張倩紅和吉喆合寫的文章〈西方傳教士視野中的開封猶太社團〉，該文從傳教士遺留文獻的角度來解讀開封猶太社團的生存狀

---

11 李景文、張禮剛、劉百陸、趙光貴編校，張倩紅審定：《古代開封猶太人：中文文獻輯要與研究》，北京市：人民出版社，2011年版。

12 江文漢：《中國古代基督教及開封猶太人：景教、元朝的也里可溫、中國的猶太人》，北京市：知識出版社，1982年版。

態和社會變遷，涉及開封猶太人的會堂布局、經書、人口變遷、生活習俗、與外族交往等方面，並從交往的層面探討了猶太人族群心理的變化。另一篇從傳教士的角度考察開封猶太人的是鄒振環發表於二〇一二年第三期《河南大學學報》（社會科學版）的文章〈明清之際耶穌會士對開封猶太人古教古經的追尋〉，文章指出，傳教士對開封猶太人的調查與天主教在河南的早期傳播相關，傳教士們希望透過對開封猶太社團的經書及宗教狀況的瞭解，為自身的傳教活動提供合法性依據。

由於搜集和獲取資料的便利，基督教傳教士文獻較早為國外學者所充分利用。研究中國猶太人問題的澳大利亞學者李渡南、美國學者邁克・波拉克等人曾對西方傳教士文獻有一定探討。李渡南的名著《中國猶太人遺存》對中國猶太社團的諸多方面都有較深研究。美國學者邁克・波拉克的《清朝官吏、猶太人和傳教士——猶太人在中華帝國的經歷》根據大量西方文獻及時人論述勾勒出西方世界對中國猶太人的調查訪問的輪廓。波拉克吸收借鑒了李渡南的成果，其論述文筆生動、故事性強，兩書可互為參考。另外，李渡南和波拉克的研究持論較公允，對中國猶太社團問題有獨到見解，屬中國猶太人問題研究的外國學者中學術建樹較精深者。法國學者娜婷・佩倫的《中國的猶太人——開封和上海猶太人社團的神奇歷史》一書，其主體內容取自波拉克書。但他們未充分利用自身便利條件對文獻形成過程及流傳進行考究，文獻本身也缺乏比照總結。所以對這些傳教士遺留文獻和傳世著述本身也需要作進一步論述，關於基督教學者對開封猶太社團的調查研究，仍有分析討論的必要。

正是基於以上學術史考察，本論文著力於基督教傳教士文獻的形成和流傳考察，分析文獻自身的特點以及文獻背後所折射出的傳教士調查訪問活動的動機，探討傳教士活動對中國猶太社團的影響，並論

述傳教士文獻中的中國猶太社團。論文的寫作借助了中外學者編輯的
文獻資料，如榮振華和李渡南的《中國的猶太人》、波拉克的《清朝
官吏、猶太人和傳教士──猶太人在中華帝國的經歷》，也參考了國
內學者的文獻彙編和相關研究。

　　最後，對傳教士文獻形成和流傳過程的梳理也是進一步研究的基
礎。中國猶太社團研究在取得巨大成績的同時也面臨明顯的制約因
素，原始史料的缺乏最為掣肘。相信在新資料發現的情況下，中國猶
太社團研究會取得新的更大的成績，諸多有爭議的問題也將得到進一
步澄清。

壹　耶穌會傳教士文獻的形成和流傳

　　耶穌會（Society of Jesus）是著名天主教修會，一五三四年由西班牙貴族羅耀拉（Ignacio de Loyola，約1491-1556）在巴黎創建。耶穌會與其他天主教修會的不同之處在於，耶穌會並不以修道院為主要根據地，而主張在世界各地積極活動。另外，耶穌會對入會會士的要求較高，要想成為一名耶穌會士，必須經過長時間的學習，因此，耶穌會士普遍具備較高的文化素質。明末耶穌會士來華後，成為中西文化交流的主要推動者。中國猶太人的「發現」，即為此間耶穌會士在華活動的成果之一。

一　利瑪竇與中國猶太人

　　從某種意義上來說，中國猶太人的「歷史」始於利瑪竇（Matteo Ricci，1552-1610），[1] 正是利瑪竇與艾田的巧遇使寡居中國內陸的開封猶太社團為世人所知。利瑪竇將發現開封猶太人的消息傳給西方，西方探訪者遂紛至遝來。西方人對開封猶太社團的調查和研究，也促使近代中國學者開始關注開封猶太人問題。

1　開封猶太人在長時間內被視作穆斯林，有關其社團的中文記載甚少，只有四通碑文及其他少量社團文物。我們今天所看到的有關開封猶太社團的史料多由西方傳教士記錄，第一位將中國開封存在猶太人的消息傳至西方世界的是利瑪竇，所以說開封猶太人的「歷史」始於利瑪竇。

（一）文獻的具體內容

利瑪竇是義大利傳教士，一六〇五年七月，利瑪竇在北京會見了來京參加科舉考試的開封猶太人艾田。利瑪竇起初不知道艾田的真實身分，隨著交談的深入，利瑪竇逐漸獲悉艾田的真實身分：居住在中國開封的猶太人。利瑪竇與艾田的會面以劄記和書信的形式保留了下來。我們如今能看到的有關利瑪竇與中國開封猶太人或利瑪竇與艾田的原始記載一共有三種不同的文獻，以書信和劄記的形式留存後世。這三種文獻分別收錄於《利瑪竇書信集》、《利瑪竇中國劄記》的義大利文原稿、金尼閣翻譯整理的《利瑪竇中國劄記》拉丁文譯本中。按照文獻形成時間先後，我們先來看利瑪竇的書信是如何記載這一事件的。

一六〇五年七月二十六日，利瑪竇於北京寫給羅馬耶穌會會長阿桂委瓦（C. Acquaviva）的信函中提到自己與艾田的會面。利瑪竇先在信中談了耶穌會最近在中國傳教的進展，信的後半部分是有關與艾田會面的記錄，記錄的主要內容如下：數天前，有個信徒前來拜訪利瑪竇。來訪的人因看到耶穌會士的書籍而得知耶穌會，來訪者名叫艾田，河南開封人，現年六十歲，家中兄弟三人。艾田精通中國文學，已考取進士。艾田的兩個兄弟專修希伯來文，似已成為拉比。開封有一座宏偉的猶太會堂，造價近萬兩白銀。開封還有七八戶猶太家庭，艾田自稱「挑筋教人」。施洗者聖約翰節這天，艾田來到利瑪竇所在的北京耶穌會士住院，當看到聖母抱耶穌像時，他誤以為是自己的先祖，雖然他稱自己不拜偶像，但對先祖也應該上前躬身拜禮。艾田稱祖先有十二個兒子，利瑪竇誤認為是指基督教的十二門徒。隨後，艾田對本族宗教的描述使利瑪竇發覺艾田並非基督徒。艾田說道，他們的宗教無法在中國傳播，因為中國人不能接受他們的宗教習俗，而

且，一旦他們在中國做官，便要被革除教籍。艾田認為在帖木兒征服
波斯時期，中國也被征服，帖木兒帝國有很多穆斯林、基督徒和猶太
人。在河南，基督徒已難覓蹤影，但有一位基督徒名叫張孟男，長相
似歐洲人，此人與利瑪竇是好友，現在南京任職。張孟男提到，他不
願讓人知道自己是基督徒，因基督徒在中國不受尊重。第二天，艾田
帶一位蔣姓同鄉來晤利瑪竇，這位同鄉是個基督徒後裔，自此與利瑪
竇成為朋友。這位同鄉還許諾將盡力在河南和現在的任職地甘肅調查
有多少基督徒，這些基督徒的聖經用什麼文字書寫。在信的末尾，利
瑪竇還指出，中國毫無疑問就是馬可波羅在其遊記中所說的「契
丹」。[2]

　　一六〇八年三月八日，利瑪竇在北京給羅馬耶穌會會長阿桂委瓦
致信。信的主要內容是關於中國傳教區的一些情況彙報，其中提到，
他派了中國籍修士徐必登到開封。但由於基督徒曾受迫害，不願外人
探訪其宗教和習俗，故徐必登幾無收穫。利瑪竇認為，應派一位神父
到開封並住在當地，以便慢慢打聽，時間一長便可知真相。開封的猶
太人很歡迎徐必登，後者瞭解到，那裡的猶太人不食動物大腿的筋，
因祖先雅各與天使摔跤，大腿上的筋被天使踢傷。開封猶太人的人數
不多，修建有漂亮的會堂，會堂裡有一部用本民族文字書寫的《摩西
五經》，為族人所崇仰。開封猶太人的其他書籍，還不為人所知。開
封距北京約有十天的路程，很容易再到那裡去。[3]

　　接下來，我們再看《利瑪竇劄記》的義大利文原稿對中國開封猶
太人的記載：在中國，耶穌會傳教士找到了一些遵守摩西律法的猶太

2　利瑪竇著、羅漁譯：《利瑪竇全集──利瑪竇書信集（下）》（臺北市：光啟出版
　　社，1986年6月版），頁308-310。此中文譯本根據汾屠立整理的《利瑪竇書信集》義
　　大利文版譯出。
3　利瑪竇著、羅漁譯：《利瑪竇全集──利瑪竇書信集（下）》，頁367-368。

人，但人數不多。傳教士們只獲悉在河南省的開封府和浙江省的杭州府有猶太會堂，會堂裡保存著古希伯來文的《摩西五經》，經書寫在羊皮紙上，其中並無標點。除了《摩西五經》，關於《舊約》的其他部分，耶穌會士們還不清楚猶太人保存有多少。猶太人仍遵行族規，行割禮，不食豬肉及任何帶筋的肉。耶穌會士還獲悉，中國也有基督徒，中國北方尤多，中國人稱基督教為「十字教」。基督徒曾受迫害，有些基督徒皈依了伊斯蘭教，有些基督徒皈依了猶太教，這些基督徒的外貌與中國人明顯不同。穆斯林、猶太人和基督徒都被中國人稱為「回回」，穆斯林稱為「三教回回」，猶太人被稱為「挑筋回回」，基督徒被稱為「十字回回」。中國人並不把這三個教派放在眼裡，在書裡不討論也不提這三個教派。[4]

最後是由金尼閣（Nicolas Trigault）翻譯增補的《利瑪竇中國劄記》拉丁文譯本中的相關記載。書中講道，猶太人很早就進入中國，在聽說了利瑪竇的聲名後，一位來北京參加科舉考試的艾姓猶太人前來拜訪利瑪竇，此人家住河南開封府。他聽說利瑪竇也信奉一神，故認為利瑪竇與其同教。施洗者聖約翰節這天，他走進了耶穌會住院，當看到神壇上聖母、耶穌以及先驅約翰的畫像時，他認為這是利百加及其兩個兒子雅各和以掃，於是便上前屈膝行禮。聖壇的兩側是四位福音書作者的畫像，他問是不是聖壇上那人的十二個孩子，利瑪竇誤認為他指的是十二使徒，便點頭稱是。隨著交談的深入，利瑪竇逐漸發現此人信仰古猶太教，自稱是以色列人，但不知猶太人這個稱謂。當他看到普朗坦版《聖經》[5]時，卻不能閱讀，雖然他知道那是由希

---

4 利瑪竇著，劉俊餘、王玉川譯：《利瑪竇全集——利瑪竇中國傳教史（上）》（臺北市：光啟出版社，1986年10月版），頁82-83。

5 克里斯多夫‧普朗坦（Christophe Plantin，1514-1589）是法裔比利時印刷商，其主持印製的《聖經》在品質和數量上均勝人一籌，在歐洲廣為流傳。

伯來文寫成的。

　　來者還說，在開封還有十至十二戶猶太人家，有一座宏偉的猶太會堂，他們剛對會堂重修過，會堂裡保存有五六百年前傳下來的卷軸形式的《摩西五經》；除了開封，杭州居住有更多的猶太人，杭州的猶太社團也有自己的會堂。開封、杭州以外也有猶太人零星分布，數量微乎其微，也沒有猶太會堂；他本人熟知《摩西五經》，但對經中人物的發音與利瑪竇不同，他從小便專攻中國詩書，希伯來文已荒廢，在猶太會堂高級神職人員看來，他幾乎已不能被看作是猶太人。大約三年後，利瑪竇派遣一位中國修士[6]到開封，以確定來訪者所言是否屬實。這位中國修士證實了訪客的話，並將開封猶太會堂所藏經書的收尾抄錄下來。結果發現，開封猶太會堂的經書與耶穌會士的《舊約》頭五卷完全相同，字體也一樣，只是開封猶太會堂的經書沒有標點。這位中國修士認為彌賽亞已出現過，而猶太會堂的掌教則不以為然。掌教因仰慕利瑪竇聲名，提出如利瑪竇肯皈依本教並戒吃豬肉，他將讓利瑪竇出任教堂高級神職人員。後來，又有三個開封猶太人來到北京，這三人已不會希伯來語，對猶太教一無所知。利瑪竇從這三人處獲悉，開封猶太會堂掌教因年邁已去世，掌教之子繼承掌教之職，但其子並不懂猶太教義教規。利瑪竇還記載了他瞭解到的有關基督教在中國的一些情況，其中有艾田對中國基督教的描述。[7]

　　可見，上述三種關於利瑪竇與開封猶太人的記載各不相同，為還原歷史真實，考辨何種文獻最為可信，我們有必要對這三種文獻的形成和流傳過程作一梳理。這三種文獻並未單獨流傳，而是分別收錄在《利瑪竇中國劄記》的義大利文原稿、金尼閣本《利瑪竇中國劄記》

6　這位中國修士即徐必登。

7　利瑪竇、金尼閣著，何高濟、王遵仲、李申譯，何兆武校：《利瑪竇中國劄記》（北京市：中華書局，1983年版），頁115-118。

以及《利瑪竇書信集》中，所以，三種關於利瑪竇與開封猶太人的文獻，其形成和流傳過程便與上述三種利瑪竇作品的流傳過程相始終。

（二）三種文獻的形成、流傳過程及比較

這次會面將近五年之後，即一六一〇年五月，利瑪竇病逝於北京。利瑪竇晚年開始用義大利文撰寫自己在中國的見聞錄，到他死時，這份記錄已基本完成。利瑪竇的手稿在他的書桌裡被發現，後金尼閣為保存這一珍貴文獻，著手將其譯成拉丁文，並以《基督教遠征中國史》為書名於一六一五年在德國奧格斯堡出版，即後世著名的《利瑪竇中國劄記》，這次會面便記載於此書。龍華民（Niccolo Longobardo）曾將利瑪竇原稿譯為葡萄牙文，但葡文譯本已遺失。後來，根據金尼閣本，在歐洲出現了多種文字的譯本。一九四二年，加萊格爾（Louis J. Gallagher）出版了首部完整的英譯本，名為《十六世紀的中國——利瑪竇劄記，1583-1610》。「一六一五年，金尼閣書的出版轟動了歐洲。它重新打開了通往中國的門戶；三個世紀以前，這扇門首先由馬可波羅打開。」[8]加萊格爾將《利瑪竇劄記》與《馬可波羅遊記》相提並論，可見其巨大影響，而利瑪竇與艾田會面的記述自然也隨著利瑪竇劄記的流傳而為人所知。

《利瑪竇中國劄記》的義大利文原稿卻長時間不為人知，直到一九〇九年，汾屠立神父（Pietro Tacchi Venturi）在耶穌會羅馬檔案館裡發現了利瑪竇的原義大利文手稿，並將其與利瑪竇的其他手稿一起刊布，題名為《利瑪竇神父的歷史著作集》（Opere Storiche de P. Matteo Ricci），於次年即利瑪竇逝世三百周年之際出版。這部著作集的上卷即金尼閣本《利瑪竇中國劄記》的原稿，下卷為利瑪竇的書信。一九四二年，德禮賢（Pasquale M. D'Elia）又將汾屠立所編收進

---

8 加萊格爾：〈序言〉，利瑪竇、金尼閣：《利瑪竇中國劄記》，頁29。

他編輯的《利瑪竇全集》（*Fonti Ricciani*）中，前兩卷分別於一九四二年、一九四九年出版，第三卷是對全書的注釋和索引，這部全集收錄了利瑪竇劄記的原稿和書信。

按照慣例，在華耶穌會士中很多人每年都會向上級彙報傳教工作進展。從內容看，利瑪竇寫此信即為向羅馬耶穌總會彙報在中國傳教的有關情況。利瑪竇的書信曾長時期湮沒無聞，十八世紀時，隨著利瑪竇的聲名鵲起，開始有人收集這些分散的書信並將其保存在三個圖書館和檔案館中，但只有少部分信件對外公布。直到二十世紀初，汾屠立從《義大利歷史檔案庫》（*Archivio Storico Italiano*）中發現了利瑪竇在華期間的往來信函，並結集整理於一九一三年將其出版，一六〇五年七月二十六日寫的這封與艾田會面的信件也收入在《利瑪竇書信集》[9]（*Lettere dalla Cina*）中。利瑪竇生前的書信很多，但死後多有散失，就保存於世的來說，此信是有關西方傳教士發現開封猶太人的最早記錄。

可見，《利瑪竇中國劄記》的義大利文原稿長時間不為人知，後世對利瑪竇在中國傳教的史實多借助於金尼閣本《利瑪竇中國劄記》以及其各種譯本，而對利瑪竇在中國傳教史實起補充作用的利瑪竇書信也是二十世紀初才發現，所以世人對利瑪竇與開封猶太人的關係的認識是從一六一五年出版的金尼閣本《利瑪竇中國劄記》開始的。

《利瑪竇中國劄記》的義大利文原稿和《利瑪竇書信集》為利瑪竇所作，而流傳廣泛的《利瑪竇中國劄記》為金尼閣在利瑪竇原作的基礎上增補整理而成。在章節和內容安排上，透過比較《利瑪竇中國劄記》的義大利文原稿和金尼閣本《利瑪竇中國劄記》，我們發現，

9　有關《利瑪竇書信集》的成書及流傳過程詳見利瑪竇著、羅漁譯：《利瑪竇全集——利瑪竇書信集》，臺北市：光啟出版社，1986年6月版，此中文譯本根據汾屠立整理的《利瑪竇書信集》義大利文版譯出。

原稿並無專章介紹利瑪竇與開封猶太人，只在論述中國的宗教信仰和宗教派別時提到開封和杭州有猶太人，而對開封猶太人存在狀況的描述也甚為簡略，原稿和金尼閣本都未出現艾田的名字；原稿和金尼閣本只在全書有關中國宗教的敘述中講到了開封猶太人，而在兩書的後續篇章有關在中國傳教經歷時未再提開封猶太人。

　　《利瑪竇書信集》中的相關敘述與金尼閣本《利瑪竇中國劄記》較接近，只是金尼閣本對利瑪竇與艾田會面的敘述更詳細。兩種文獻對開封猶太社團生活也有一些出入：書信中說來訪者為艾田，而金尼閣本中並無訪客姓名。值得注意的是，金尼閣本還提到，此事發生三年後，利瑪竇派遣中國修士到開封調查。利瑪竇的信中也提到他派徐必登到開封，但信中未說徐必登抄回了猶太人的《摩西五經》，也未說徐必登攜利瑪竇信給開封猶太會堂掌教，以及掌教之邀利瑪竇任職會堂。

　　三種文獻究竟哪一種較為可信？金尼閣對《利瑪竇中國劄記》一書給予了高度評價，他認為利瑪竇品德高尚，而自己也與利瑪竇一樣，在中國廣泛遊歷，積極學習中國的語言文化，自己補充的內容也是親眼所見或其他神父的真實報告，所以他一再保證並堅定地認為，劄記的真實性是毋庸置疑的，自己整理增補的部分也是較為真實的。[10]但就劄記中所記載的利瑪竇與艾田的會面來說，伯希和、李渡南和波拉克都傾向於認為，由於利瑪竇的劄記寫作較晚，所以相較利瑪竇的劄記，利瑪竇的書信對此事的記載更為可信。伯希和在〈為利瑪竇提供資訊的開封猶太人艾氏〉[11]一文中認為，必須透過書信來核實金尼

10 金尼閣：〈金尼閣致讀者〉，《利瑪竇中國劄記》，頁37-42。

11 參見榮振華、李渡南等編著，耿昇譯：《中國的猶太人》（鄭州市：大象出版社，2005年5月版），頁437-443。伯希和此文原載T'oung Pao, Second Series, Vol. 21. No. 1, (Jan., 1920-Jan., 1921), pp. 32-39.

閣本及原稿的真實性，書信具有更大的真實性。伯希和在此文中認為
與利瑪竇會面的開封猶太人即為艾田，會面的日期並非一六〇五年六
月二十四日，而是一六〇五年六月二十五日至三十一日中的某一天，
艾田來京非為參加科考，而是謀職，因該年並不舉行科考。後陳增輝
在〈關於利瑪竇集中之猶太人艾氏〉[12]一文中對伯希和的觀點進行了
論證，肯定了伯希和關於艾田身分的考證，但又指出，艾田來京的目
的在於通過參加廷試謀取官職。陳增輝的論點論據充分，說服力強，
但陳增輝對利瑪竇與艾田的會面日期並沒有提出自身看法。李渡南在
《中國猶太人的遺存中》也認為利瑪竇的書信雖少有人知，但要比金
尼閣本中的描述更可信。[13]波拉克也認為，利瑪竇的劄記與其書信有
細微出入，而其書信寫作日期距事發時間較近，故書信所述較為可
靠。[14]與利瑪竇幾乎同時代的曾德昭（Alvaro Semedo）在其所著《大
中國志》中，曾有極簡短的記述。書中寫道，在北京時，從開封來的
猶太人曾告訴他，開封猶太人的聖經與基督徒的沒有什麼區別。《大
中國志》問世於一六四三年，距利瑪竇與艾田會面相隔不久，其內容
較為可信，佐證了利瑪竇書信和劄記原稿中所缺少的部分內容，[15]這
些內容與金尼閣本內容相近。另一份記錄來自法國籍耶穌會士宋君榮

---

12 參見陳增輝：〈關於利瑪竇集中之猶太人艾氏〉，《協大學報》，福建協和大學中國文
　化研究委員會，1949年第1期。

13 Donald Daniel Leslie, *The Survival of the Chinese Jews: The Jewish Community of Kaifeng*, Leiden: E. J. Brill, 1972, p.31.

14 Michael Pollak, *Mandarins, Jews and Missionarie:The Jewish Experience in the Chinese Empire*, Philadelphia: The Jewish Publication Society of Amrica, 1980. p.365.

15 （葡）曾德昭著，何高濟譯，李申校：《大中國志》（上海市：上海古籍出版社，
　1998年版），頁185-186。曾德昭曾在中國生活二十二年，《大中國志》原文用葡文撰
　寫，一六三八年完成，一六四三年被譯為義大利文首次刊行，後出現多種文字版
　本，流傳廣泛。

一七二三年致杜赫德神父的書簡，[16]書簡開頭簡要敘述利瑪竇與開封猶太人的來往，其描述與金尼閣本相近。

所以，金尼閣本《利瑪竇中國劄記》的內容大體上是可信的，而《利瑪竇中國劄記》的義大利文原稿和《利瑪竇書信集》為利瑪竇所作，可信度最高。利瑪竇致羅馬耶穌總會會長的這封信，與利瑪竇和艾田會面時隔較短，且信中並無前後抵牾之處，故排除人的記憶偏差、刻意隱瞞歪曲等因素，我們傾向於認為該信所言最為可信，當為記錄利瑪竇與開封猶太人的最權威史料。

儘管金尼閣本《利瑪竇中國劄記》的真實性部分值得商榷，但在利瑪竇的書信和劄記原稿於一九一三年出版之前，很長一段時間內，學者們對利瑪竇和開封猶太人的研究基本上借助於金尼閣本的記載。

中國學者陳垣、張星烺、馮承鈞等都對利瑪竇劄記或與利瑪竇有關的傳記有過譯介或研究，由此，利瑪竇與開封猶太人的關係便開始進入中國學者的視線。陳垣在〈開封一賜樂業教考〉[17]中徵引艾儒略所著《利瑪竇行實》，簡要敘述了利瑪竇與艾田的會面。徐宗澤在〈開封猶太教〉[18]中說，開封猶太人久不為人知，首先研究開封猶太人的是利瑪竇。關斌在〈開封的猶太人〉[19]中也提到了利瑪竇與艾田

---

16 參見宋君榮一七二三年八月十八日年致杜赫德神父的書簡，榮振華、李渡南等編著，耿昇譯：《中國的猶太人》，頁157-158。

17 參見陳垣：《陳垣學術論文集》第1集（北京市：中華書局，1980年版），頁281。此文作於一九一九年十一月，原載於《東方雜誌》第17卷第5、6、7號，1920年2、3、4月。參見李景文等編校、張倩紅審定：《古代開封猶太人：中文文獻輯要與研究》（北京市：人民出版社，2011年版），頁145。

18 此文原載一九三一年一月的《聖教雜誌》，題目為《開封猶太教概論》。一九三八年，該文收錄到徐宗澤《中國天主教傳教史概論》一書，題名改為《開封猶太教》，參見李景文等編校、張倩紅審定：《古代開封猶太人：中文文獻輯要與研究》，頁178。

19 關斌：〈開封的猶太人〉，《大公報・史地週刊》，第11版，1936年8月26日。

的會面情況。前文曾提及的陳增輝所著〈關於利瑪竇集中之猶太人艾氏〉更是對利瑪竇與艾田來往的史實及艾田的身分做了縝密的論證。張星烺〈古代中國與猶太之交通〉[20]詳細考證猶太人與中國的早期交流史，自然要述及到利瑪竇的「發現」。

一六一〇年十一月二十三日，龍華民神父於韶州致羅馬耶穌總會會長阿桂委瓦的信中提到發現了開封猶太人。龍華民獲悉，在開封有基督徒，他建議在開封建立住院，與當地的基督徒取得聯繫，並歸化當地的猶太人。[21]另外，在利瑪竇致書阿桂委瓦神父的同一天，他也給羅馬的朱利奧和熱羅拉莫・阿拉列奧尼昆仲神父寫了一封信，信中隻字未提他與艾田的會面。[22]所以，就存世文獻來看，利瑪竇並未提「發現」開封猶太人這一事件本身是一件太令他感到振奮的事，讓他真正感到快慰的應該是透過對開封猶太人的探訪，可以瞭解到更多有關基督徒在中國分布的資訊。利瑪竇派中國修士徐必登到開封，其主要目的並非探訪開封猶太人，而是調查當地基督徒的具體情況，以便擴大耶穌會的影響。龍華民和利瑪竇都認為，到開封調查猶太人並與當地的基督徒取得聯繫，是耶穌會在擴大在華影響的好時機。

「開封猶太人」這一族群久不為西方所知，又不為開封當地民眾所熟悉，而中國史籍、地方志中也難見對其的記載。利瑪竇與艾田在偶然會面後，傳教士們開始來到開封，開封猶太人至此「問世」。[23]隨著調查的增多，開封猶太人這一形象也逐漸豐贍起來，成為經久不衰

---

20 該文原載《民國叢書》第5編，後收入張星烺編注、朱傑勤校訂：《中西交通史料彙編》第3冊，題名為《古代中國與猶太之交通》（北京市：中華書局，1978年版），頁52。

21 參見利瑪竇著、羅漁譯：《利瑪竇全集——利瑪竇書信集（下）》，頁546-547。

22 參見利瑪竇著、羅漁譯：《利瑪竇全集——利瑪竇書信集（下）》，頁313-317。

23 參見張綏：《猶太教與中國開封猶太人》（上海市：生活・讀書・新知三聯書店，1990年版），頁54。

的學術話題和文化符號。十九世紀中期後，猶太人先後來到香港、上海、哈爾濱、天津、哈爾濱等地，這樣就形成了「中國猶太人」這一獨特群體，而在這之前，「中國猶太人」便指代開封猶太人。

二　利瑪竇之後耶穌會士的訪問記述

利瑪竇與艾田會面三年後的一六○八年，利瑪竇派中國修士徐必登到開封調查當地的基督教情況，由於基督徒曾受迫害，對外人戒心較重，故徐必登在開封並無收穫。但猶太人很歡迎徐必登，徐必登也證實了中國確有猶太人存在。金尼閣本《利瑪竇中國劄記》中說，徐必登將開封猶太會堂所藏經書的收尾抄錄下來，還提到徐必登與猶太會堂掌教關於彌賽亞是否降臨的對話。從利瑪竇的信件中，可以看出開封猶太人的一些宗教習俗和民族傳說。徐必登本人沒有留下任何記述，我們只是從利瑪竇給羅馬耶穌會會長C.Acquaviva寫的信中獲悉這一切（見前文），此信收錄於汾屠立神父《利瑪竇神父的歷史著作集》，出版於一九一○年。

徐必登之後，又一位造訪開封猶太社團的是義大利籍耶穌會士艾儒略（Jules Aleni）。艾儒略懂希伯來文，一六一三年奉上級指示來到開封，起初猶太人對他的到來表示歡迎，但很快便對其十分冷淡，也不許他看經書。據推測，很可能因為艾儒略太急於見到並抄回猶太人的經書，並貶低猶太人的信仰，鼓動其皈依基督教，故而引起猶太人的反感。[24]艾儒略的來訪記載首先出現在曾德昭於一六四三年出版的《大中國志》中：開封猶太人允許他參觀猶太會堂，但不讓他看會堂

---

24 Michael Pollak, *Mandarins, Jews and Missionarie:The Jewish Experience in the Chinese Empire*, p.17.

中的《聖經》。[25]艾儒略訪問開封猶太人的記錄也出現於法國籍耶穌會士宋君榮神父一七二三年致杜赫德神父的書簡，[26]艾儒略本人沒有留下相關記載，所以也有人懷疑他是否到過開封。[27]

　　一六一九年，龍華民神父在中國修士鍾鳴禮的陪同下來到開封。在這之前，一六一〇年十一月二十三日，龍華民神父於韶州給羅馬耶穌總會會長阿桂委瓦致信，信中曾提到中國的猶太人願意皈依基督。龍華民稱，河南有許多猶太人，最早時人數有五六千人，現在達到一萬人；猶太人的宗教含異教成分；猶太人也參加科舉考試以謀求官位，但其不如穆斯林受人尊重。由葡萄牙耶穌會士陽瑪諾神父（Emmanuel Diaz）編著，並於一六二四年在羅馬刊行的《1619、1620和1621年中國傳教事業的重要文件》（*Relatione delle cose piu notabili scritte ne gli anni 1619, 1620 et 1621 della Cina*）收錄了龍華民的這段記述。[28]與龍華民同時代的何大化（Antonio de Gouveia）在一

25　（葡）曾德昭著，何高濟譯，李申校：《大中國志》，頁185。費賴之（Aloys Pfister）在《在華耶穌會士列傳及書目》中也有相似描述。參見：（法）費賴之著，馮承鈞譯：《在華耶穌會士列傳及書目》（北京市：中華書局，1995年版），頁133。

26　參見宋君榮一七二三年八月十八日年致杜赫德神父的書簡，榮振華、李渡南等編著，耿昇譯《中國的猶太人》，頁158。

27　裴化行（Henri Bernard）首先提出這一疑問，他認為艾儒略一六一三年才來中國。依當時條件，艾儒略不大可能在同年就到開封，艾儒略最早也應在一六二一年或一六二二年來到開封。參見：Rudolf Lowenthal, The Early Jews in China: A Supplementary Bibliography, *Folklore Studies* (Peking) V ,(1946), p.355. 李渡南則認為，宋君榮神父也是在來到中國後很快便來到開封，所以艾儒略於一六一三年初入中國便很快來到中國是有可能的。至於開封猶太人拒絕艾儒略查看經書，李渡南認為艾儒略初到中國，漢語不通，故難以與猶太人交流。參見Donald Daniel Leslie, *The Survival of the Chinese Jews: The Jewish Community of Kaifeng*, Leiden: E. J. Brill, 1972, p.31.也有人認為他在一六二一年或稍晚時候來到開封，見Michael Pollak, *Mandarins, Jews and Missionarie:The Jewish Experience in the Chinese Empire*, pp.17, 365.

28　參見（法）娜婷・佩倫：《中國的猶太人：開封和上海猶太人社團的神奇歷史》（Nadine Perront, *Etre Juif en Chine: L'histoire extraodinaire Des communautes de*

六四四年發表的〈遙遠的亞洲〉（*Asia Extrema*）[29]一文中稱，龍華民第一個進入河南。何大化在該文中稱，在開封的一位修士發現了猶太會堂，他用波斯語同當地猶太人說了幾句話，後者以為來者與自己同族，非常高興並邀其到會堂。此處，何大化沒有具體指明該修士身分，據推測，該修士可能為陪同龍華民的中國修士鍾鳴禮。在另一段描述中，何大化寫道，開封猶太人認為在開封的那位神父與自己同教，他們希望聽該神父講《舊約》中的故事，但當猶太人看到神父所持《聖經》中的畫像時，便認為神父是異教徒，從而態度急轉直下，並要把該神父趕出會堂。有學者推測，該神父可能是一六一九年到訪河南的龍華民，也有可能是杭州傳教區的會長畢方濟神父。[30]

　　一六二八年，義大利耶穌會士畢方濟神父（Francois Sambiasi）在由松江赴山西的路上途徑當時的河南省省會開封，天主教商人伯多祿邀其在開封留居三個月，以向當地信眾傳教。畢方濟在開封建立了耶穌會士住院，並傳教數年。[31]一六三一年左右，葡萄牙耶穌會士費樂德（Ruide Figueiredo）開始留居河南，在開封修建了宏偉的教堂。一六四二年開封遭遇水患，費樂德不知所終。[32]之後，奧地利耶穌會

Kaifeng et de Shanghai），阿爾班 · 蜜雪兒出版社，1998年版。轉引自榮振華、李渡南等編著，耿昇譯：《中國的猶太人》，頁282。

29 此文收錄於羅馬耶穌會檔案館中有關日本和中國的特別檔案《日本——中國檔案集》（*Jap. Sin. Fonds special des ARSI sur le Japon et sur la Chine*）中。參見：榮振華、李渡南等編著，耿昇譯：《中國的猶太人》，頁11-12。

30 參見榮振華、李渡南等編著，耿昇譯：《中國的猶太人》，頁183。龍華民沒有留下個人記述，依現有資料，龍華民是否到過開封仍未可知。

31 參見（法）費賴之著，馮承鈞譯：《在華耶穌會士列傳及書目》，頁144。費賴之在書中沒有說明畢方濟同開封猶太人發生過何種聯繫。

32 參見（法）費賴之著，馮承鈞譯《在華耶穌會士列傳及書目》，頁164-165。法國籍耶穌會士宋君榮一七二五年九月四日致杜赫德神父的書簡中稱，費樂德死於一六四二年開封水災，法國學者娜婷 · 佩倫在《中國的猶太人：開封和上海猶太人社團的神奇歷史》中也稱，費樂德亡於一六四二年開封水災。參見榮振華、李渡南等編著，耿昇譯《中國的猶太人》，頁167、282。

士恩理格（Christian Enriques）到達河南，以修復當地教堂。一六七六年，恩理格由山西赴河南，因將奧地利皇帝所贈望遠鏡轉贈當地長官，得以將當地教堂修復。[33]畢方濟、費樂德與恩理格都沒有留下關於開封猶太人的記載，一七〇四年十一月五日，葡萄牙耶穌會士駱保祿於開封寫給蘇霖神父的信中曾提到，費樂德在明代、恩理格在清代都曾多次前往開封猶太會堂與猶太人交談。[34]畢方濟、費樂德和恩理格的開封之行都由他人記載，其真實性已難以考證。

榮振華和李渡南根據前人研究成果，編制了到訪開封的耶穌會士名表。從這一名表來看，除前面所述耶穌會士外，聶伯多（Pietro Christophe）、艾遜爵（Antonio Francesco Giusepp Provana）、錢德明（Jean Joseph-Marie Amiot）、中國修士費藏裕、何天章對開封猶太人或猶太會堂做了描述，但其人沒有到開封。施洗約翰・巴泰耶（Jean-Baptiste Batailhe）、薄賢士（Antoine de Beauvollier）、費奇觀（Gaspar Ferreira）、楊嘉祿（Jean-Baptiste Charles）、藍方濟（Fraucois-Xavier Lan）、潘國良（Emanuel Laurifice）、君丑尼（Claude-Francois Loppin）、聶若望（Jean-Francois Noelas）、李仁芳（Francisco Pereira）、何大經（Francisco Pinto）到過河南，但沒有來到開封。

除上述親身赴開封的耶穌會士外，這時西方也有其他人開始關注開封猶太人並留下著述。亞伯拉罕・勒魯瓦耶（Abraham Le Royer）一七〇六年寫過有關中國猶太人的著作。傅聖澤在一七二七年左右寫成文章〈有關中國猶太人的問題〉，布羅蒂埃於一七五四年左右寫成〈論定居在中國的猶太人〉一文，一七七〇年韓國英（Pierre-Martial Cibot）在《宗教研究》發表〈論中國的猶太人〉，文中提供了有關開

---

33 參見（法）費賴之著，馮承鈞譯：《在華耶穌會士列傳及書目》，頁361-362。

34 駱保祿的第七封書簡，參見榮振華、李渡南等編著，耿昇譯：《中國的猶太人》，頁86。

封猶太教會堂碑文的簡短概述。何大化曾作《猶太人和十字架基督徒》，戴進賢（Ignatius Kogler）曾將孟正氣一七二一年有關開封猶太人的書簡譯作拉丁文。蘇霖（Jose Suarez）曾在書信中提到了開封猶太人的消息。[35]

三　駱保祿、孟正氣和宋君榮的訪問記述

利瑪竇「發現」開封猶太人的消息傳到西方後，儘管有傳教士到過開封，但限於種種條件，這些傳教士沒能在開封停留較長時間，所留下的相關記載也甚為有限，且真偽難辨，多不可考。直到十八世紀初，我們才看到有關開封猶太人的較為詳實的一手材料，這些材料是由駱保祿、孟正氣和宋君榮在實地調查的基礎上，以書簡的形式保留下來的。[36]

（一）駱保祿的調查

駱保祿（Giampaolo Gozani, 1659-1732）是義大利耶穌會傳教士，一六九四年抵達中國。一六九八年，駱保祿首次來到開封，一七〇三年至一七〇四年間、一七一一年和一七一三年曾在開封停留。大約在一七一六年，駱保祿由北京來到開封，後便一直居住在開封耶穌會士住院，直到一七二四年被逐。在開封居住期間，駱保祿透過實地調查走訪，將所見所聞以書簡的形式寄往歐洲。我們現在能夠看到的

---

35 參見榮振華、李渡南等編著，耿昇譯：《中國的猶太人》，頁23-35。

36 這批書簡中，除少部分曾在《耶穌會士書簡集》中發表公布外，大部分未公開刊布。當代法國耶穌會士榮振華和澳大利亞高等教育學院教授李渡南合作，於一九八〇年首次刊布了這批書簡。一九八四年該書簡集再版，作為義大利《耶穌會士史研究所叢書》第四十一卷刊行，編者還對早先的法文譯文進行了勘誤。參見榮振華、李渡南等編著，耿昇譯：《中國的猶太人》，頁3-7。

　　駱保祿書簡一共有七封，時間範圍為一七〇四年至一七一二年。這七封書簡主要論述開封猶太社團的整體面貌。如宗教習俗、經書、會堂等。此外，駱保祿還於一七〇四至一七〇五年首次將開封猶太會堂的漢文碑文寄往羅馬。這兩塊碑文分別是一四八九年弘治碑和一五一二年正德碑碑文，同時寄去的還有猶太會堂中的五幅楹聯以及七塊四言牌匾，現藏於羅馬國立中央圖書館的耶穌會士檔案中。[37]

　　駱保祿的七封書簡在收入檔案時，按照書簡內容而非寫作時間編排。第七封書簡原為葡萄牙文，寫於一七〇四年十一月五日，收信人為蘇霖神父。這封書簡是駱保祿遺存書簡中最早的一封，也是最重要的一封。駱保祿在此封書簡中對開封猶太社團做了較為全面的介紹，包括經書、會堂、上帝的名字、祖堂、宗教儀式、民族習俗、社團歷史等方面，史料價值很高。開封猶太社團的詳細狀況開始為西方世界所知，該書簡「囊括了當時所知道的有關開封猶太人的主要內容……該項報告是我們所知道的基本史料，而且後來又由孟正氣和宋君榮神父的說法所證實。」[38]可見，該書簡較為客觀地記錄了開封猶太社團的基本面貌。

　　這封書簡原稿藏於羅馬耶穌會檔案中，於一七〇七年被譯成法文收錄於郭弼恩（Le Gobien）神父編輯出版的《耶穌會士書簡集》[39]，是駱保祿書簡中最早被刊行的。後該書簡還被譯為德文，於一七二六年出版。一七三四年出版有該書簡的英文本，一七三五年出版的杜赫

37　榮振華、李渡南等編著，耿昇譯：《中國的猶太人》，頁57、66。

38　榮振華、李渡南等編著，耿昇譯：《中國的猶太人》，頁75。

39　十八世紀初，法國出版的《耶穌會士書簡集》曾收錄該書簡的中譯本，參見杜赫德編、鄭德弟譯：《耶穌會士書簡集——中國回憶錄》（II）（鄭州市：大象出版社，2001年版），頁11-17；另外，該書簡早期還被譯成德文、英文等，並被收錄於杜赫德《中華帝國全志》（巴黎1735年版）。參見榮振華、李渡南等編著，耿昇譯：《中國的猶太人》，頁43。

德（Du Halde）《中華帝國全志》中有該書簡內容，一七三六年在荷蘭海牙的出版物也有簡要介紹。可見，該書簡流傳較廣。但書簡在早期刊行時遺漏了一些內容，當代學者榮振華和李渡南參照原法文譯文，將該書簡的葡萄牙原文重新翻譯，並進行了仔細勘誤，[40]首次發表了書簡手稿真跡。[41]

其餘六封書簡則是對這封書簡中具體方面的考察。這些書簡都寄往巴黎，有些書簡收件人不明。

第一封書簡寫於一七一二年八月二十五日，是駱保祿七封書簡中寫作時間最晚的一封，收件人不明，或為蘇熙業神父。該書簡對開封猶太社團的經書和宗教節日作了進一步的說明，部分內容與第七封書簡重複。該書簡收錄於《布羅蒂埃檔案》第一二三卷第三十一頁。[42]

第二封書簡寫作時間不明，一七〇五年十一月八日在北京由耶穌會視察員明閔我神父簽署。主要介紹開封猶太人如何稱呼上帝，駱保祿從明代所立〈重建清真寺記〉、〈尊崇道經寺記〉和清代〈重建清真寺記〉這三通碑文中統計了他認為是用來稱呼「上帝」的漢文名稱。該書簡收錄於《日本——中國檔案集》第一六八卷第四四九頁。[43]

第三封書簡寫於一七〇五年六月三十日，收件人不明。駱保祿在書簡中說，猶太會堂的掌教姓高，他有希伯來文名字。掌教將Etonoi（埃洛希姆）、Adonai（阿東乃）用漢文解釋為「天」、「天爺」，意為天地的創造者。他與其他猶太人對「天」等類似概念的理解與朱熹的理解不同。該書簡旨在肯定耶穌會士關於中國禮儀之爭的觀點，後收錄於《日本——中國檔案集》第一五〇卷第二四六至二六七頁。[44]

---

40 參見榮振華、李渡南等編著，耿昇譯：《中國的猶太人》，頁8、43-44、80。

41 參見榮振華、李渡南等編著，耿昇譯：《中國的猶太人》，頁76-79。

42 榮振華、李渡南等編著，耿昇譯：《中國的猶太人》，頁44。

43 榮振華、李渡南等編著，耿昇譯：《中國的猶太人》，頁48。

44 榮振華、李渡南等編著，耿昇譯：《中國的猶太人》，頁57。

　　第四封書簡先介紹了開封猶太人對《塔木德》組成部分的劃分，即《密釋納》（Mishna）和《革馬拉》（Gemarra）。隨後以問答的形式回答了開封猶太人對上帝名字的讀音，開封猶太人有三種寫法，分別是「我們的耶和華（Otoi）」、「我們的阿東乃（Etonoi）」和埃洛希姆（Elohim），駱保祿稱，這三種寫法的發音與耶穌會士一樣。該書簡附有駱保祿抄寫的開封猶太人希伯來文《塔木德》經書及上帝的名稱。該書簡收錄於《布羅蒂埃檔案》第一二三卷第五十五頁背面[45]。

　　第五封書簡寫作時間和收件人均不明，書簡原文為希伯來文、拉丁文和葡萄牙文，駱保祿用法文和英文列出了開封猶太人希伯來文《舊約》各卷名稱。當代學者榮振華和李渡南根據孟正氣的譯音在書簡各卷名稱後增加了對應的開封猶太人的發音，並指出，有些譯音也是駱保祿使用的譯音。該書簡收錄於《日本──中國檔案集》第一六八卷第四四六頁。[46]

　　第六封書簡寫作時間和收件人均不明，該書簡中有駱保祿於一七〇四至一七〇五年寄往羅馬時錄入的猶太會堂中的兩塊碑文，即一四八九年弘治碑和一五一二年正德碑。這兩塊碑文由開封猶太人所立，對瞭解其社團具有十分重要的價值。同時記載於書簡中的還有猶太會堂中的五幅楹聯以及七塊四言牌匾。駱保祿對書簡作了注釋，他列舉了猶太先祖的希伯來文名字所對應的漢文名字；牌匾在會堂的懸掛位置；猶太人認為自己的宗教比儒、釋、道三教更為古老，無須聽從三教教義。駱保祿認識到碑文的價值，欲將其全文譯出。該書簡收錄於《日本──中國檔案集》第一六八卷第四四七至四四八頁背面。[47]

　　駱保祿的七封書簡是利瑪竇「發現」開封猶太人到十八世紀初一

---

45 榮振華、李渡南等編著，耿昇譯：《中國的猶太人》，頁59。
46 榮振華、李渡南等編著，耿昇譯：《中國的猶太人》，頁61。
47 榮振華、李渡南等編著，耿昇譯：《中國的猶太人》，頁66。

百年間，第一次有關開封猶太社團的內容較為豐富的史料。駱保祿調
查的重點在於開封猶太人的宗教習俗、會堂、所藏經書內容以及他們
對上帝的稱呼、社團文獻如碑文等，這些內容集中載於第二、三、
四、五、六封書簡中，也有少量關於其民族歷史的內容，而對其他方
面則無太多說明，但仍為我們提供了不少珍貴的資訊，這些資訊主要
載於第一、七封書簡中。駱保祿認為，開封猶太人的祖先來自「西
域」，從漢代來到中國。開封猶太人已從原來的七十姓減少到七姓，
即趙、金、石、高、張、李、艾。他們自稱來自幾個部族，如便雅憫
（Benjamin）族、利未（Levi）族、猶大（Juda）族等。他們稱自己
信奉「挑筋教」，又叫「古教」、「天教」、「一賜樂業教」。他們守安息
日，行割禮，在逾越節要宰殺羔羊等。開封猶太人只在民族內部通
婚，不接受漢人、穆斯林或外國人入教。他們沒有闡釋民族宗教的漢
文書籍，僅在教案期間印有一本，用以向當地官吏說明民族宗教概
況。他們崇拜孔子，也參加祭孔儀式。他們在祖堂祭祖，但不供奉祖
先畫像和其他類似物品。文化教育方面，開封猶太人從童年時起就開
始學讀希伯來文，許多人還會書寫。

　　正是基於對開封猶太人自漢代便來到中國的判斷，駱保祿推測開
封猶太人的聖經應為歐洲所沒有的古本。駱保祿希望以此判斷，歐洲
現通用的《聖經》是否是最古老的，是否受到篡改，《聖經》是否完
整。但猶太人對駱保祿存有戒心，他很難從猶太人處得到經書，加之
他不懂希伯來文，故無法對經書進行深入研究，而僅僅對經書各卷名
稱作了介紹。所以需要一位懂得希伯來語的傳教士，這樣才能有更深
入的發現和研究，孟正氣神父的到來彌補了這一空缺。

　　需要指出的是，駱保祿訪察開封猶太社團期間，正是「中國禮儀

之爭」[48]愈演愈烈之時，羅馬教廷要求在華傳教士調查那些容易引起爭議的宗教習俗。駱保祿的第一、三、四封書簡都涉及開封猶太人如何祭祖祀孔，如何稱呼「上帝」，第二封書簡則專門統計了開封猶太人的碑文如何稱呼「上帝」。孟正氣和宋君榮的書簡也都談到了這一問題。

駱保祿在開封時，法籍耶穌會士孟正氣曾到開封，孟正氣的調查和書簡為駱保祿提供了佐證。

（二）孟正氣的調查

孟正氣（Jean Domenge, 1666-1735年）是法國耶穌會士，一六九八年抵達中國。一七一三年曾在河南南陽傳教。一七一八至一七一九年間，孟正氣參觀了開封猶太會堂，一七二一年又返回開封，並留居七至八個月，一七二二年再次於開封居住兩個月。我們現在能夠看到的孟正氣遺存的書簡一共十一封，寫作時間為一七一七至一七二五年間。與駱保祿不同，孟正氣曾用兩三年的時間研究希伯來語，這使他能夠較為深入地瞭解和研究開封猶太人的經書。

孟正氣的第一封書簡寫於一七二一年八月，一七二二年十一月五日由傅聖澤神父收訖。這封書簡內容較長，主要介紹開封猶太人所藏經書的分類、分卷以及保存狀況。孟正氣的主要發現有：一、開封猶

---

48 「中國禮儀之爭」涉及兩大核心問題，即中國人的祭祖祀孔是否為偶像崇拜和迷信行為、能否用漢語的「天」、「上帝」指代「Deus」（拉丁文「神」的意思）。反對中國禮儀的一方指責在華耶穌會士容忍中國人的種種有違天主教教義的行為。中國禮儀之爭開始於十七世紀初，一七〇四年，羅馬教廷頒發諭令，禁止中國教徒祭祖祀孔，不得以「天」、「上帝」指代Deus，只能用「天主」稱呼基督宗教的神。此舉觸怒了清廷，終於在一七二一年，康熙帝下令驅逐傳教士，禁止其在中國傳教。參見李天綱著：《中國禮儀之爭：歷史・文獻和意義》，上海市：上海古籍出版社，1998年版；吳莉葦著：《中國禮儀之爭——文明的張力與權力的較量》，上海市：上海古籍出版社，2007年版。

太人的全部《聖經》都保存在會堂中，私人不收藏任何用希伯來文寫
的著作，包括《聖經》。二、開封猶太人的大部分經書保存狀況都不
好；他們僅把《摩西五經》稱作《大經》，並稱有經書五十三卷。
三、開封猶太人的《聖經》與阿姆斯特丹本《聖經》區別不大，只是
一些寫法和習慣用法有些差別。他們的希伯來文發音受到漢語影響，
結果其字母與歐洲猶太人的越相似，其發音差異就越大。四、經書分
為四大類。第一類為《摩西五經》，漢文稱《大經》；第二類為《散
作》，包括《約書亞記》、《士師記》等五部分；第三類稱「禮拜書」，
兩大先知書和十二小先知書，兩大先知書保存較完整，而十二小先知
書散失嚴重；第四類為《聖錄》，由《以斯帖記》等四部分組成。
五、開封猶太人的《聖經》用古老的方式分卷，這與歐洲略有不同。
每一行的起始有獨特標記，而每一節的標注方法與阿姆斯特丹本《聖
經》相同。六、開封猶太人將上帝讀作Adonai（阿東乃），像中國文
人一樣稱上帝為「天」，傳教士則稱作「天主」。七、開封猶太人沒有
興趣，也無力分辨自己的《聖經》與阿姆斯特丹本《聖經》的差別。
孟正氣透過比較，發現兩者內容基本相同。八、開封猶太人因阿姆斯
特丹本《聖經》的印製精美而表現出強烈興趣，也不準備以後者為參
照來補充自身經書的缺失部分。開封猶太人的《聖經》在裝幀上與阿
姆斯特丹本《聖經》的主要不同表現在用墨、紙張以及封面上。孟正
氣於此提出，用裝幀和印製更為精美的《聖經》來引誘猶太人，這樣
完全可以達到交換他們的《聖經》的目的。該書簡收錄於《布羅蒂埃
檔案》第一二三卷第三十四至四十頁背面。[49]

　　該書簡還列有一份猶太—波斯文的題跋，題跋的內容是猶太人的
《聖經》的抄寫年代和抄寫人。從書寫形式看，這份文書有著濃郁的

---

49 榮振華、李渡南等編著，耿昇譯：《中國的猶太人》，頁97。

波斯風格，說明開封猶太社團與波斯有某種淵源。這份猶太—波斯文題跋收錄於《布羅蒂埃檔案》第一二三卷第四十一頁。[50]

孟正氣的第二封書簡寫於一七二二年，具體日期不詳。書簡的要點有：一、開封猶太會堂內有「至聖所」，外部呈方形，內部為圓形，每一本經書都在會幕中用羊皮紙卷在軸上，並用絲綢簾子遮蓋。天堂一側的約櫃中保存著許多冊《大經》，他們將《摩西五經》稱作《大經》。《大經》用羊皮紙卷在軸上，有專人看管，如因個人原因導致經書丟失，看管人將被辭退。猶太人的《聖經》被禁止出售給他人。曾有人欲將經書售予孟正氣，結果被當場捉住，在斥責聲被逐出會堂。二、開封猶太人的《聖經》與阿姆斯特丹本《聖經》區別不大，兩者字體基本相同，具有相同的母音、標點和重音，只是前者的發音經常與後者不一致開封猶太人按照漢語方式讀希伯來文。他們稱，由於很長時間以來都沒有從西域來的學者，而社團原有的學者已在水患或會堂火災中遇難。三、在孟正氣看來，開封猶太人不肯下功夫、也沒有興趣將自己的《聖經》與阿姆斯特丹本進行比較，開封猶太人僅對後者的外觀感興趣。開封猶太人中已沒有能勝任抄經任務的人。該書簡收錄於《布羅蒂埃檔案》第一二三卷第四十二至四十三頁背面。[51]書簡後附有開封猶太會堂貼出的一張關於祈禱活動的榜文，內容是開封猶太人午後祈禱的時間和順序。這一附件於一七二二年十一月五日在巴黎收訖，收錄於《布羅蒂埃檔案》第一二三卷第四十四頁。[52]

第三封書簡寫作時間、收件人均不明。在該書簡中，孟正氣繪製了兩幅開封猶太會堂的草圖，並較為詳細地標注了圖中建築的名

50　榮振華、李渡南等編著，耿昇譯：《中國的猶太人》，頁110。
51　榮振華、李渡南等編著，耿昇譯：《中國的猶太人》，頁112。
52　榮振華、李渡南等編著，耿昇譯：《中國的猶太人》，頁118。

稱。該書簡收錄於《布羅蒂埃檔案》第一二三卷第四十六至四十九頁
背面。[53]

第四封書簡寫作時間不明、收件人均不明。書簡中稱，一高姓掌
教給駱保祿寫了一條猶太會堂裡最重要的題額。該題額為：「為他的
名字祝福吧，我們的上帝是獨一無二的。讓其王國的名字直到世紀末
也受到祝福吧。」該書簡收錄於《布羅蒂埃檔案》第一二三卷第五十
頁背面。[54]

第五封書簡於一七二二年十一月五日收訖，收件人不明。該書簡
只有寥寥數語，孟正氣稱猶太會堂裡會幕的正面可以看到用大金字書
寫的一條主要題記：「為他的榮耀祝福，偉大的、英雄的和威嚴的眾神
中之神」。該書簡收錄於《布羅蒂埃檔案》第一二三卷第五十一頁。[55]

第六封書簡書寫時間不明、收件人均不明。孟正氣將猶太會堂裡
的一些宗教物品繪成了圖，包括誦經臺上的主要物品以及由一名誦經
人和兩名提詞人組成的誦經圖。該書簡收錄於《布羅蒂埃檔案》第一
二三卷第五十二至五十五頁。[56]

第七封書簡寫於一七二三年十月二十五日，收件人不明。孟正氣
稱，一七二二年猶太人住棚節的第八天，他來到猶太會堂，得以近距
離接觸一部古老的《聖經》，印證了前兩封書簡對經書的描述。孟正
氣認為猶太人所說的「西域」指波斯，因猶太人會說幾句波斯語；猶
太人自稱「藍帽回回」，以區別於「白帽回回」的伊斯蘭教徒。孟正
氣肯定地指出，開封猶太人的《聖經》在行文上與阿姆斯特丹本相
符，只是標點不同。開封猶太人對救世主彌賽亞一無所知，也從不等

---

53 榮振華、李渡南等編著，耿昇譯：《中國的猶太人》，頁120。

54 榮振華、李渡南等編著，耿昇譯：《中國的猶太人》，頁123。

55 榮振華、李渡南等編著，耿昇譯：《中國的猶太人》，頁124。

56 榮振華、李渡南等編著，耿昇譯：《中國的猶太人》，頁127。

待其降臨。但孟正氣認為，開封猶太人已將彌賽亞遺忘。猶太人非常崇拜末底改和以斯帖，也熟悉哈曼的歷史。該書簡收錄於《布羅蒂埃檔案》第一二三卷第五十六至五十七頁。[57]

第八封書簡寫於一七二三年十月二十六日，收件人為蘇熙業神父。開頭，孟正氣講道，在開封調查花費巨大，難以為繼，希望得到更多資金贊助。隨後，他提出按照開封猶太人所藏《聖經》的特徵，來仿製更為精美的抄本，以交換開封猶太人的《聖經》，即五十三卷《大經》。孟正氣發現，開封猶太人僅僅把《摩西五經》視作《聖經》，並細加呵護，而對也屬於《聖經》組成部分的其他經書則不太重視。該書簡收錄於《布羅蒂埃檔案》第一二三卷第五十八至五十九頁[58]。

第九封書簡寫於一七二四年十二月二十日，一七二五年九月七日在巴黎收訖，收件人為蘇熙業神父。開封猶太人將日常祈禱及特殊節日時用的經書稱作《禮拜經》，這類經書的重要性不如其他經書，被列入三等經書。孟正氣希望歐洲寄來同樣經書，以將兩者進行對比。開封猶太人的《摩西五經》從寧夏的一名穆斯林手中獲得，那位穆斯林則是從廣州的一名猶太人那裡得到的。至聖所中的《聖經》和常用《聖經》在外觀上的區別主要表現在裝幀、紙質、外形上，而在內容上的區別表現在用紙、標點、字體等方面。開封猶太人從波斯、撒馬爾罕或附近地區進入中國，他們對經書的研究已荒廢。孟正氣又回答了其他問題，涉及猶太人對經書的看法、祈禱儀式、上帝的名稱以及書寫用品等。該書簡收錄於《布羅蒂埃檔案》第一二三卷第六十至六十三頁背面。[59]

57　榮振華、李渡南等編著，耿昇譯：《中國的猶太人》，頁128。
58　榮振華、李渡南等編著，耿昇譯：《中國的猶太人》，頁133。
59　榮振華、李渡南等編著，耿昇譯：《中國的猶太人》，頁136。

　　第十封書簡寫於一七二五年十二月二十日，一七二六年十月十九日收訖，收件人為蘇熙業神父。這是孟正氣十一封書簡中最晚寫成的。這封書簡中對經書的描述並無太多新鮮內容，多是對以往書簡相關內容的少許補充和強調。孟正氣談到了宋君榮的調研活動和發現；他也描述了猶太人的轉經節。[60]

　　第十一封書簡寫於一七一七年四月六日，寫作時間早於其他十封書簡。孟正氣講述了從一位開封猶太人那裡得到的資訊。據後者說，開封猶太人對其教法一無所知，即使是他們的「師傅」也所知不多，其經書保存得也很差。猶太人稱會堂為「清真寺」，經書都藏於寺中，私人家中沒有經書。這位猶太人知道民族的部分歷史，他稱上帝為Hotaoi，意為「天」。孟正氣此時還無法看到猶太人的《聖經》，所以無興趣參觀猶太會堂。其他十封書簡皆收藏於《布羅蒂埃檔案》，唯獨該書簡收錄於《日本——中國檔案集》第一七七卷第五二六頁[61]。

　　綜上所述，孟正氣的遺存書簡較駱保祿多，而且內容更為豐富。孟正氣和駱保祿調查的側重點都在開封猶太人的經書上，但相比駱保祿，孟正氣懂得希伯來語，得以對經書做了更為深入的研究，故能發現更多駱保祿所不能發現的內容。孟正氣的主要貢獻有：他基本摸清了開封猶太人對經書的分類方法，而且還發現了經書各部分的組成。孟正氣對經書的內容作了較為仔細的鑒別，最後得出結論，即開封猶太人的經書在分類、內容上與阿姆斯特丹本基本一致，只在細微處如發音、寫法、章節標識等略有出入。開封猶太人擁有完整的《摩西五經》，但部分被水浸泡過。其他經書則不完整，存在不同程度的散失，且由於黃河水患，經書的保存並不理想。開封猶太人由於長期缺少精通經書的學者，民族宗教氛圍的日益淡薄，已失去對經書的評注

60　榮振華、李渡南等編著，耿昇譯：《中國的猶太人》，頁143。
61　榮振華、李渡南等編著，耿昇譯：《中國的猶太人》，頁147。

能力。此外，孟正氣對開封猶太人經書的裝幀、質地、尺寸等外部特徵做了更為細緻的觀察。

有關開封猶太人的歷史和現狀方面。駱保祿根據碑文，認為開封猶太人在漢代時進入中國，猶太人告訴他其祖先來自「西域」。駱保祿發現猶太人現有七姓，不與他族通婚。[62]至於來華時間，孟正氣對猶太人漢代來到中國持審慎態度，認為不能單憑碑文便下結論。[63]

在對開封猶太人宗教習俗和節日的描述上，孟正氣較少提到安息日、逾越節、割禮等，而對開封猶太人的轉經節做了較詳細的描述。他觀察到，轉經節這天，猶太人將約櫃抬出來，在會堂庭院內遊行。儀式的主持人佩戴紅綢布，紅綢布從右臂上部斜披至左臂下部。其他人則戴著藍紗小帽，赤著腳。[64]

孟正氣是一位較為嚴謹的學者，隨著調查研究的深入，他也在不斷修正自己所獲的資訊。第二封書簡對第一封的部分內容做了訂正，如第一封書簡中稱，私人不收藏《聖經》，而第二封則說只有很少人會收藏《聖經》。但書簡中也有一些錯誤，如孟正氣將Mineaha理解為《塔木德》中的《密釋納》，實際上，Mineaha指開封猶太人的「午後祈禱」。[65]

孟正氣一心想得到開封猶太人的經書抄本，甚至原件，尤其是《摩西五經》，以進行更為細緻的研究。為此他挖空心思，想出種種辦法，他提出，應從歐洲寄來一些有關歐洲猶太人的物品，將其作為禮物送

---

62 駱保祿的第一、七封書簡，參見榮振華、李渡南等編著，耿昇譯：《中國的猶太人》，頁45、87、90。

63 孟正氣的第二、九封書簡，參見榮振華、李渡南等編著，耿昇譯：《中國的猶太人》，頁141。

64 駱保祿的第七、八、九、十封書簡，參見榮振華、李渡南等編著，耿昇譯：《中國的猶太人》，頁130、134-135、142、146。

65 榮振華、李渡南等編著，耿昇譯：《中國的猶太人》，頁108。

予開封猶太人，以便與其保持融洽關係，博得其好感。[66]但由於開封
猶太人對經書保管嚴格，故孟正氣和駱保祿一樣，最終未能如願。

駱保祿對猶太會堂內部陳設結構作了簡要的描述，抄錄了會堂內
的數幅牌匾和楹聯，並將猶太會堂碑文抄錄並寄往歐洲。孟正氣的書
簡中很少有對猶太會堂的文字描述，但他將開封猶太會堂的外觀、內
景以及會堂內的宗教物品和人物祈禱場景繪成了草圖，寄往歐洲。孟
正氣的繪圖較精細，品質很高，而後人也多憑藉孟正氣所繪草圖才得
以一睹開封猶太會堂的真面目。

（三）宋君榮的調查

宋君榮（Antoine Gaubil）是法國耶穌會士，一七二三年三月二
十三日抵達開封，第二天便來到開封猶太會堂。駱保祿曾為其擔當嚮
導和翻譯。宋君榮的書簡一共七封，大多有較為明確的寫作日期和收
件人。

宋君榮的第一封書簡寫於一七二三年八月十八日，一七二四年十
月十五日收訖，收件人為杜赫德神父。書簡開頭簡要回顧了利瑪竇、
艾儒略與駱保祿三人的相關活動。宋君榮認為開封猶太人對自身瞭解
甚少，無法明確回答自己提出的問題。《摩西五經》的分卷、內容、
字體等與歐洲的聖經相比無明顯特殊之處。開封猶太人的現有經書原
系西域猶太人所贈，後遭焚毀，只有《摩西五經》保存完好。一六四
二年的水災使得書又遭大劫，損失了二十六部經書。該書簡原件現藏
巴黎耶穌會檔案館，《布羅蒂埃檔案》第一四九卷，第二十六至三十
六頁。[67]

宋君榮的第二封書簡寫於一七二五年九月四日，收件時間不明，

---

66 榮振華、李渡南等編著，耿昇譯：《中國的猶太人》，頁108-109。
67 榮振華、李渡南等編著，耿昇譯：《中國的猶太人》，頁165。

收件人為杜赫德神父。宋君榮稱，周代和漢代時，來自呼羅珊和波斯
的猶太人先後來到中國。接著，他敘述了經書和會堂的情況，介紹了
開封猶太社團的四塊碑文，即弘治碑、正德碑、康熙二年碑和祠堂述
古碑記。開封猶太人對自己的經書已很生疏。宋君榮還談到了開封猶
太人的社會狀況，他稱，當時猶太人在軍隊中擔任高級軍官，也有很
多人是文職官員，許多猶太人家族居住在浙江、北直隸和陝西，一六
四二年開封水災時，來自上述地方的猶太人曾往開封救助他們的同
族。該書簡原件現藏巴黎耶穌會檔案館，《布羅蒂埃檔案》第一四八
卷，第十七至十九頁。[68]

　　宋君榮的第三封書簡寫作時間、收件人均不明。書簡的內容是宋
君榮對一神學術語的新認識。該書簡藏於《布羅蒂埃檔案》第一四九
卷，第五十三頁。

　　宋君榮的第四封書簡寫於一七二五年十一月十二日，一七二六年
十月十九日收訖，收件人為蘇熙業神父。此書簡較短，要點有：無法
確定開封猶太人是周代還是漢代來到中國，他們能講幾句波斯語，而
他們的經書除《摩西五經》和《密釋納》外，其餘經書可能都來自波
斯。開封猶太人所稱的「西域」囊括了較大的區域。該書簡原件載於
《布羅蒂埃檔案》第一四九卷，第六十三頁。[69]

　　宋君榮的第五封書簡寫作時間、收件人均不明。書簡的內容是關
於北京耶穌會士住院的描述，其中提到，北京的一座寺廟裡藏有猶太
人的《聖經》，但尚未發現根據。宋君榮據此認為，不到一百年前，
北京還有幾個猶太姓氏，但這些家族已歸化為伊斯蘭教徒。該書簡藏
於彼得堡科學院，《亞洲檔案》第二十號。[70]

68　榮振華、李渡南等編著，耿昇譯：《中國的猶太人》，頁173。
69　榮振華、李渡南等編著，耿昇譯：《中國的猶太人》，頁175。
70　榮振華、李渡南等編著，耿昇譯：《中國的猶太人》，頁177。

宋君榮的第六封書簡寫於一七四九年十一月八日，由北京寄出，一七五〇年十月十四日收訖，收件人為梅蘭先生。宋君榮談到，康熙帝的十三子對開封猶太人問題很感興趣，他也對該皇子寄予希望，打算透過皇子的幫助，對開封猶太人作仔細的調查。但由於皇子自身原因，宋君榮的計畫未能實現。在由親身赴開封進行調查的西方傳教士所遺留書簡中，該書簡是已出版的有關十八世紀開封猶太社團的最後一封書簡。早在一七二一年，清政府便開始嚴厲禁教，傳教士進入中國內陸困難重重，幾乎無法成行。從此，開封猶太社團失去了與西方的聯繫，一直到十九世紀中期。該書簡原件載於《巴黎天文臺AB檔案》第一卷第十三號；第一五三卷第六和第三號。[71]

宋君榮的第七封書簡於一七二五年十月二十五日寫於北京，一七二六年十月十九日於巴黎收訖，收件人為蘇熙業神父。宋君榮說，開封猶太人的掌教掌管著會堂。除此之外，該書簡無其他重要資訊。該書簡原件載於《布羅蒂埃檔案》第一四九卷，第五十一頁；耶穌會檔案第二〇八卷。[72]

宋君榮的調查印證了駱保祿和孟正氣對經書的判斷，即經書除在細微部分如標點、分段等除外，其他方面與歐洲的聖經無明顯不同。因災害頻發，開封猶太人所藏經書總體保存狀況較差，多有散失。保存下來的，很多也遭水浸泡。保存下來的經書除《摩西五經》是原件外，其他經書皆為西域猶太人所贈。在對經書內容的鑑別上，駱保祿曾懷疑，開封猶太人曲解訛傳了《聖經》經文，[73]但他不懂希伯來語，無法調查。孟正氣和宋君榮懂得希伯來語，他們調查後認為，開

---

71 榮振華、李渡南等編著，耿昇譯：《中國的猶太人》，頁180。
72 榮振華、李渡南等編著，耿昇譯：《中國的猶太人》，頁181。
73 駱保祿的第七封書簡，參見榮振華、李渡南等編著，耿昇譯：《中國的猶太人》，頁86、89-90。

封猶太人的《聖經》與歐洲人的聖經無明顯差別。而且，從開封猶太人那裡也沒有找到早於歐洲的《聖經》版本，故無法對歐洲猶太人可能篡改經文的懷疑提供足夠證據。

　　開封猶太人雖仍保有經書，但民族宗教教育已較荒廢，三人的記載都表明了這一點。開封猶太人民族文化教育的衰敗主要表現在對希伯來語的荒廢，很少有人能讀寫希伯來語，無力閱讀經文和解釋經文含義，以至於當一名猶太人向宋君榮正確解釋出某個名詞的含義時，他顯得如此意外，並在兩封書簡中對此做了介紹。[74]開封猶太人對民族歷史和宗教知識瞭解甚少。所以，正是出於對開封猶太人民族文化和宗教素養較低的判斷，在駱保祿、孟正氣和宋君榮三人的書簡中，均有對開封猶太人的嘲笑貶低之辭。

　　但從三人書簡不難發現，十八世紀初的開封猶太社團，儘管已出現民族文化危機和衰落的明顯跡象，但仍保留著一些重要的傳統習俗，如安息日、逾越節、割禮等，也不允許私自變賣經書。多數人並不為傳教士的勸誘所動，即使有人因一己私利出賣經書，也會得到有效制止，傳統道德行為規範依然在發揮著作用。所以，儘管民族宗教文化越來越式微、融入主流社會的程度越來越深，但由於猶太文化賴以留存的核心表徵還存在著，但他們的文化優越感依然強烈。同時，整個社團已對正在發展的民族危機有所察覺，當耶穌會士對有關猶太宗教等進行解說時，開封猶太人表現出較強的興趣，如邀請耶穌會士到會堂，並查看經書。他們並不知道耶穌會士們的身分，更不瞭解其真實意圖，從而誤把耶穌會士看作與自己同教，幾乎無保留地向其透露有關情況。所以，耶穌會士在開封的調查顯得較為順利。

---

74 宋君榮一七二三年八月十八日致杜赫德神父的書簡、宋君榮一七二五年九月四日致杜赫德神父的書簡，駱保祿的第七封書簡，參見榮振華、李渡南等編著，耿昇譯：《中國的猶太人》，頁161、172。

　　駱保祿、孟正氣和宋君榮的開封之行，是西方世界第一次對開封
猶太社團進行有效的調查。耶穌會士們不畏艱險，不遠萬里來到中國
內陸，其間艱辛在他們的書簡中有詳細體現。他們注意實地考察，與
猶太人交談詢問，這與近代民俗學中的田野調查方法類似。而在此基
礎上向耶穌會上級所作的彙報，其客觀真實性也較強。透過耶穌會士
的記載，開封猶太社團的會堂、經書、宗教禮俗等開始初步為西方所
知。這些書簡以文字和繪圖的形式為後世提供了較為立體的開封猶太
社團風貌，為我們瞭解當時的開封猶太社團提供了不可替代的一手史
料。這些書簡傳至西方後，引發了西方學界的關注，成為他們研究中
國猶太人問題的常用史料。但略顯不足的是，囿於時代及自身因素，
耶穌會士們將注意力集中於開封猶太人的會堂、經書等，正如波拉克
所說，耶穌會士對開封猶太社團的世俗生活幾乎不感興趣，[75]對研究
開封猶太人問題至關重要的經濟社會、與其他民族關係等問題幾無論
述，這無疑為後人的研究工作增加了不少困難。

　　駱保祿、孟正氣和宋君榮訪察開封猶太社團期間，正是「中國禮
儀之爭」愈演愈烈之時。為了在「術語之爭」中反駁對手的攻訐，耶
穌會士們或許注意到了開封猶太人的獨特價值。如娜婷・佩倫所分析
的那樣，既然開封猶太人在使用中國術語「天」和「上帝」的同時，
又維護了其教義，且無偶像崇拜禮俗。那麼天主教在中國完全可採用
中國術語，天主教的教義根本也不會動搖。[76]駱保祿將開封猶太人的
宗教經書及所用「術語」的情況彙報給了教廷，至於引起了何種反

75 Michael Pollak, *Mandarins, Jews and Missionarie: The Jewish Experience in the Chinese Empire*, p. 303.

76 參見（法）娜婷・佩倫：《中國的猶太人：開封和上海猶太人社團的神奇歷史》
（Nadine Perront, *Etre Juif en Chine: L'histoire extraodinaire Des communautes de Kaifeng et de Shanghai*），阿爾班・蜜雪兒出版社，1998年版。轉引自榮振華、李渡南等編著，耿昇譯《中國的猶太人》，頁283-287。

應，依現有材料，尚無相關發現。或許開封猶太人根本未引起教廷注意，或許受通訊條件限制，駱保祿的信件還未來得及傳至羅馬，而羅馬教廷已先做出裁決，開封猶太人所用術語並未給在華耶穌會士提供有效的支援。從現有耶穌會士檔案材料來看，同時代的其他在華傳教士也很少提到開封猶太人，更絕少拿後者作文章，開封猶太人的「發現」在當時應屬東西方交流中的一般事件。而且，如開封猶太人的發現足以震動西方世界的話，那麼來到開封並留下較多記載的耶穌會士當不止駱保祿、孟正氣和宋君榮三人。所以，受時代因素局限，開封猶太人的「發現」在當時或許只引起了少數人注意。

一七二一年，康熙帝頒佈禁教令，[77]清廷開始驅逐傳教士，禁絕基督教傳播，西方傳教士們很難再繼續調查下去。駱保祿、孟正氣和宋君榮成了十八世紀與中國猶太社團有過近距離接觸，並留下珍貴調查文獻的西方傳教士。西方世界尤其是基督教傳教士再次探訪中國猶太社團是在一個多世紀後。

---

77 方豪：《中國天主教史人物傳》（中）（北京市：中華書局，1988年影印版），頁334-335。

貳　新教傳教士文獻的形成和流傳[1]

　　清政府實行禁教政策後，傳教士無法進入開封實地調查。所以在歐洲，便有人試圖透過與開封猶太人通訊的方式打探開封猶太社團，但收效甚微。直到一八四四年，倫敦猶太人布道會成員詹姆斯・芬恩（James Finn）給時任英國駐寧波領事列敦（Temple H. Layton）寫信，同時寄送給列敦的還有他一八四三年在倫敦出版的《猶太人在中國》[2]（*The Jews in China: There Synagogue, Their Scriptures, Their History, & c.*）一書。芬恩後收到列敦的兩封回信，列敦在信中稱，他見過一位名叫鐵定安的開封猶太人，此人向列敦講述了他所知道的一些情況。列敦繼續嘗試與開封猶太人通訊，但未收到回復便死於廈門，列敦夫人將開封猶太人的回信通報給了芬恩。該信件署名趙念祖，於一八五〇年八月二十日寄出，但因種種原因，直到一八七〇年芬恩才收到該信。兩封信講述了開封猶太社團的現狀，包括人口、宗教等，從中可見，開封猶太社團正在走向衰落。

　　列敦的第一封回信寫於一八四九年一月十五日，列敦在信中介紹了開封猶太人鐵定安向他所作的講述。鐵定安稱，開封猶太人現有八

1　十九世紀中期至二十世紀上半期，來到開封探訪的西方人以新教傳教士居多，僅有少數為非新教傳教士或世俗人士，為突出重點、便於論述，故將標題定為「新教傳教士文獻的形成和流傳」。

2　James Finn, *The Jews in China: Their Synagogue, Their Scriptures, Their History, & c.*, London: B. Wertheim, Aldine Chambers, Paternoster Row, 1843.

個家族（七姓八家），他們不同程度地與漢族和穆斯林通婚。開封猶太人的相貌與當地人無異，猶太會堂較為神聖，部分堂室不得隨便出入。開封猶太人已不能讀寫希伯來語，但不許任何人帶走經書。列敦在信中稱，這位開封猶太人值得信賴，且他的講述與芬恩在《猶太人在中國》一書中的內容契合。[3]

列敦的第二封信寫於一八四九年一月二十日，信中沒有新的相關發現。第三封信寫於一八五〇年三月二十四日，列敦講述自己如何想方設法委託他人將信件送往開封，但未收到回信。第四封信是列敦夫人寄來的，寫於一八五一年六月十二日。列敦夫人稱已收到開封猶太人的回信，她將根據芬恩意見將此信寄給芬恩。

列敦夫人所說的開封猶太人的回信來自趙念祖，該信寫於庚戌年（1850）七月十三日。趙念祖在信中沉痛地講述了開封猶太社團的現狀：已無人能讀懂希伯來文，猶太會堂已長時間疏於管理，破爛不堪，猶太人希望修復教堂，使宗教興盛，但由於貧窮，這一切無法實現。趙念祖希望猶太會堂能迎來一位掌教，以主持教務。

從趙念祖的信中，外界首次獲悉開封猶太社團較為完整的宗教節日和祖先人物。芬恩根據趙念祖的描述，對開封猶太人的節日進行了分析，從中也可看出，開封猶太人的傳統節日的日期與歐洲猶太人不同，並具有中國地方特色，如分發「油香」（音）、把錢幣染成紅色。[4]更為重要的是，猶太社團已處於衰落中，民族宗教文化後繼乏人，連民族語言希伯來語已無人懂，趙念祖在信中說：「我們到處尋找也找不到能讀懂希伯來文的人。」[5]而在一個世紀前，宋君榮來訪開封時，

---

3 James Finn, *The Orphan Colony of Jews in China*, London: James Nisbet & Co., 1872, p. 25.

4 James Finn, *The Orphan Colony of Jews in China*, p. 87, 90.

5 James Finn, *The Orphan Colony of Jews in China*, p. 40.

還有少數人懂得希伯來語。社團人心思變，原有的良好風尚正被毀棄，有人將會堂部分堂室抵押出去，也有人私自出售經書，而在以前幾乎沒有此種現象，此種行為也沒有得到有效制止。開封猶太人並不瞭解來訪者的身分，他們誤認為來者與自己同教，故而向傳教士尋求幫助，以復興走向衰落的社團。

列敦的四封信和趙念祖的一封信是繼駱保祿、孟正氣和宋君榮之後，西方世界對開封猶太社團的又一次探查。時過境遷，耶穌會早已解散，新教傳教士開始成為調查開封猶太社團的主力軍。從上述信件來看，新教傳教士的調查重點已不同於當年的耶穌會傳教士。新教傳教士關注的內容更寬泛，涉及社團方方面面，尤其是開封猶太社團正在走向衰落的種種事實。

一八七二年，《中國猶太人的孤立聚落》[6]在倫敦出版，書中收錄了上述列敦的四封回信以及開封猶太人趙念祖的回信。趙念祖的中文信原件已失，芬恩收到的是趙念祖信件的英譯本，由曾供職於英國駐華皇家領事館的馬禮遜翻譯。一九四二年，加拿大傳教士懷履光出版的集大成之作《中國猶太人：開封府猶太人事蹟彙編》收錄了芬恩的研究成果，其中包括上述信件。[7]

趙念祖所述內容並無誇大，同一時期，兩名中國基督徒親身到開封做了一番探查，證實了趙念祖的陳述。

一　倫敦猶太人布道會的調查

倫敦猶太人布道會（The London Society for Promoting Christianity

6　James Finn, *The Orphan Colony of Jews in China*, London: James Nisbet & Co., 1872.

7　William Charles White, *Chinese Jews: A Compilation of Matters Relating to the Jews of K'ai-feng Fu*, Toronto: University of Toronto Press, 1942. Second edition, 1966.

among the Jews）成立於一八○九年，致力於使猶太人皈依基督教。一八四三年，詹姆斯・芬恩的《猶太人在中國》在倫敦出版，儘管該書有一些錯誤，但仍是當時有關中國猶太人歷史的最好的書籍，[8]芬恩在書中鼓吹使中國人皈依基督的時機已成熟，中國猶太人也將接受洗禮。[9]該書引起了倫敦猶太人布道會的注意，倫敦猶太人布道會委託香港聖公會主教喬治・史密斯（George Smith）調查開封猶太人，並為其提供了一筆資金。史密斯在上海時，倫敦傳道會（London Missionary Society）的牧師麥都斯（Walter Henry Medhurst）建議他找兩個中國基督徒去開封實地調查，史密斯採納了這一建議。

這兩名中國基督徒一個叫蔣榮基，一個叫邱天生，受倫敦猶太人布道會的派遣，二人於一八五○年十一月十五日離開上海，身上帶著上海沙遜洋行的一個人寫的希伯來文信件。二人於十二月九日抵達開封。蔣榮基和邱天生在開封停留了五十三天，由於有希伯來文的介紹信，兩人收到了較好的接待，得以參觀猶太會堂。二人以日誌的形式各寫了一份調查報告。蔣榮基的旅行日誌是用中文寫的，一八五一年由艾約瑟（J. Edkins）牧師翻譯成英文，中文原件現藏於劍橋大學圖書館。[10]邱天生的日誌用英文寫成。這兩篇調查日誌由喬治・史密斯作序，於一八五一年在上海以小冊子的形式出版，名為《開封府的猶太人：倫敦猶太人布道會代表赴開封府猶太會堂調查實錄》[11]。當年

8　Michael Pollak, *Mandarins, Jews and Missionaries: The Jewish Experience in the Chinese Empire*, p. 135.

9　James Finn, *The Jews in China: There Synagogue, Their Scriptures, Their History, & c.*, 該書後收錄於Hyman Kublin, *Jews in Old China: Some Western Views*, New York: Paragon Book Reprint Corp., 1971. 收錄該書時，省略了原書的序言。

10　William Charles White, *Chinese Jews: A Compilation of Matters Relating to the Jews of K'ai-feng Fu*, Part I, p. 132.

11　James Finn, *The Orphan Colony of Jews in China*, p. 54.

出版的《美國東方學會會刊》（*Journal of American Oriental Society*）對邱蔣二人的成果做了簡要介紹，[12]後來詹姆斯・芬恩的《中國猶太人的孤立聚落》、懷履光的《中國猶太人》收錄了該調查報告。

兩人在日誌中稱，開封猶太人現不超過七姓氏，即趙、高、李、石、金、張和艾。他們普遍生活窮困，食物匱乏。猶太會堂的建築風格與中國寺廟類似，但破爛不堪，已被當做居住場所，會堂也沒有掌教。現在已無人懂希伯來文。猶太人祈禱時面向西，即耶路撒冷的方向，並用漢語「天」來稱呼上帝。進行祈禱時，會堂掌教穿戴藍色的頭巾和鞋，進入會堂時，普通會眾不得穿鞋子，婦女不得戴頭巾。猶太人不和他族通婚，並實行一夫一妻制，禁食豬肉，守安息日。猶太人遵守宗教傳統較穆斯林嚴格。猶太人和穆斯林普遍受到歧視，沒有人願意和猶太人來往。過去五十年裡，沒有人能向信眾教授五十三卷經書以及二十七個猶太字母。[13]

從兩人的所見所聞來看，開封猶太人既有在城裡開店的，也有在城郊務農的，但普遍生活貧窮，一些人甚至難以解決溫飽。貧窮甚至使一些人將會堂周圍房子的磚瓦、木材拿去變賣。

開封猶太人中的讀書人稱會堂為「一賜樂業殿」，意為「上帝賜予康樂遺產的殿堂」或「以色列子孫的會堂」，對外則稱猶太會堂為「清真寺」，與穆斯林相同。猶太人以前稱自己的宗教為「天竺教」，意為印度的宗教，後來改成了「挑筋教」，因為不管吃羊肉、牛肉還是禽肉，猶太人都必須把筋給挑掉。

蔣榮基在調查日誌中對猶太會堂做了較詳細的描述，會堂的建築格局與孟正氣所繪草圖基本吻合，將會堂中長長的碑文抄了下來。[14]

12　Jews in China, *Journal of American Oriental Society*, vol. 2 (1851), pp. 341-342.

13　James Finn, *The Orphan Colony of Jews in China*, pp. 58-72.

14　James Finn, *The Orphan Colony of Jews in China*, pp. 76-88.

繼駱保祿之後，兩人抄錄了猶太會堂裡的十三塊匾額和八幅楹聯，還
描述了這些匾額和楹聯的位置。這些牌匾和題額很多借助漢語詞彙來
表達猶太教義和信仰，體現出開封猶太社團高度的儒化特徵。

二人抄寫經文，查看希伯來律法經卷，並買到了八小本希伯來文
經書，但在日誌中並沒有對所得經書做仔細描寫，據喬治・史密斯
說，這八本經書包括部分《舊約》：《出埃及記》第一至六章，《出埃
及記》第三十八至四十章，《利未記》第十九至二十章，《民數記》第
十三至十五章，《申命記》第十一至十六章、第三十二章，還有部分
《摩西五經》，《詩篇》以及《聖錄》的內容。這些內容與歐洲的聖經
基本一致。

據喬治・史密斯說，同一年即一八五一年，邱天生和蔣榮基又去
了一趟開封，和他們一同返回上海的有兩名開封猶太人。兩名猶太人
名叫趙文魁和趙金城，他們在上海傳教士那兒住了幾個月，隨後便萌
生去意返回開封。邱天生和蔣榮基糾正了上次調查時的一些錯誤，如
對開封猶太人口的誤判，而且所有出生一個月內的男嬰仍行割禮。[15]
二人帶走了四十小冊希伯來文經書，還花四百兩銀子（約合130英
鎊）買到了猶太會堂的十二卷律法書中的六卷，律法書中有一卷寄給
了倫敦猶太人布道會，一卷保存在大英博物館，一卷存放在牛津大學
的波德林（Bodleian）圖書館中，還有一卷一八六六時芬恩曾在劍橋
大學圖書館見過。[16]

邱天生和蔣榮基的第二次開封之行終於獲得當年耶穌會士無法得
到的開封猶太人的經書，這是由於開封猶太社團的整體衰落，信仰十
分淡薄，對待經書也不如以前那樣虔誠，會堂已疏於管理。如史密斯

---

15 James Finn, *The Orphan Colony of Jews in China*, pp. 56-57.

16 James Finn, *The Orphan Colony of Jews in China*, p. 55.

稱，經書被公開從會堂送至邱蔣二人的住處。[17]買走的經書中有一部中文和希伯來文手抄本，內容為開封猶太社團家譜名冊。兩人回上海時，還帶回了兩名開封猶太人趙文魁和趙金城，一八五一年出版的《北華捷報》（*North China Herald*）報導說，「二人無希伯來文名字……他們都受過割禮，割禮在所有出生一個月之後的男嬰中施行……其中的年長者有一副猶太人面孔……二人的穿著與中國人一樣。」[18]

　　兩名中國基督徒的調查報告是十八世紀初傳教士被逐出中國後，西方對開封猶太人的第一次實地調查。這次調查對開封猶太社團歷史和現狀做了較為全面的記述，其間，開封猶太人向兩名中國基督徒表達了希望振興社團的願望，但限於種種原因，僅有少數人來到上海作短暫停留以接受猶太傳統教育，效果也並不理想，無法承擔起振興民族的大任。另外，邱天生和蔣榮基對猶太會堂的記載是傳教士最後一次對猶太會堂進行實地考察而留下的直接文獻。二人離去不久，破敗的猶太會堂終為大水所毀。

二　丁韙良等的個人探訪

　　丁韙良（W. A. P. Martin, 1827-1916）是新教長老會傳教士，也是十九世紀有名的中國通。繼駱保祿、孟正氣和宋君榮後，丁韙良是有據可查的百年以來造訪開封猶太人的第一位西方傳教士。一八六六年二月十七日，丁韙良來到開封，他看到，猶太會堂已坍塌，正德碑和弘治碑還在。丁韙良從開封猶太人處獲悉，會堂已坍塌很長時間，族

17　William Charles White, *Chinese Jews: A Compilation of Matters Relating to the Jews of K'ai-feng Fu*, Part I, p. 132.

18　轉引自William Charles White, *Chinese Jews: A Compilation of Matters Relating to the Jews of K'ai-feng Fu*, Part I, p. 133.

人想重新修復，但無奈缺乏足夠的資金。猶太人已忘卻自己的民族語言，宗教儀式也早已不再進行。為謀生，甚至會堂的石料和木材也被挪作他用。猶太人普遍窮困，極少數者較富足。

　　相較於以往來訪開封的調查者，丁韙良還簡要介紹了開封猶太人的職業狀況。大多數猶太人經濟地位較低，有經營水果、糕點的，有買賣舊衣物的，有從事各種手工業的，也有在軍隊中服役的。丁韙良認為，過去十三年中部諸省的內亂使猶太人的財產損失嚴重。[19]

　　丁韙良瞭解到，猶太人雖然仍有一些律法書和先知書，但無人懂得希伯來語。他們的最後一位拉比已在三十多年前去世，這位拉比是全社團唯一懂希伯來語的人。社團中有人寄希望於其他猶太人買走這些經書，以保存開封猶太先祖的語言。宗教儀式和節日已不再舉行，猶太人已沒有傳統的宗教契約觀念，割禮不再施行。社團中已有與異族通婚現象，有一個猶太人的妻子便屬其他民族。猶太人正被穆斯林和其他民族吸納同化，有一個人當了和尚。由此，丁韙良用「孤立聚落」（Orphan Colony）[20]一詞來形容他眼中封閉孤立的開封猶太社團，這一描述形象生動，後為其他學者引用。他判斷，「再過五十年，開封猶太人極有可能不復存在。[21]」

　　一八六九年，丁韙良在致紐約《猶太時報》的信中認為，「只有重建猶太會堂，使猶太人有一個聚會的場所和團結的紐帶，才能挽救瀕於消亡的社團。」[22]他稱，「那支古老部族的復興將成為一個奇跡，

---

19 James Finn, *The Orphan Colony of Jews in China*, p. 101.

20 James Finn, *The Orphan Colony of Jews in China*, p. 103.

21 James Finn, *The Orphan Colony of Jews in China*, p. 103.

22 *Jewish Times*, March 26, 1869, p.5. 轉引自 Michael Pollak, *Mandarins, Jews and Missionaries: The Jewish Experience in the Chinese Empire*, p.170.

就像猶太人在居魯士時代擺脫了奴役一樣。」[23]但丁韙良的真實目的是想借助於猶太會堂，更好地向猶太人傳播基督教，以最終使其皈依基督。[24]

丁韙良的調查報告最早於一八六六年三月二十九日在皇家亞洲文會北華支會舉行的一次特別會議上宣讀過，後載於該會會刊《皇家亞洲文會北華支會會刊》（*Journal of the North China Branch of the Royal Asiatic Society*）。[25]詹姆斯・芬恩於一八七二年出版的《中國猶太人的孤立聚落》收錄了丁韙良的調查報告。[26]後丁韙良又以「訪問河南猶太人」（*Account of a Visit to the Jews in Honan*）為名將調查報告寫進了他的有關中國的兩本著作中，即一八八一年出版的《中國人的教育、哲學和文字》[27]（*The Chinese: Their Education, Philosophy and Letters*）、一八九六年出版的回憶錄《中國六十年記》[28]（*A Cycle of Cathay, or China, South and North with Personal Reminiscences*）和一九〇七年出版的《中國覺醒》[29]（*The Awakening of China*）。

丁韙良的調查報告被歐洲一些報紙和雜誌轉載，產生了較大影響。有人提議，儘快派遣傳教士到開封，並帶出一些年輕猶太人，送其到英國或美國接受猶太教育。等這些年輕猶太人學成返回開封，便

---

23 W. A. P. Martin, *The Awakening of China*, New York: Doubleday, Page & Company, 1907, p. 44.

24 Michael Pollak, *Mandarins, Jews and Missionaries: The Jewish Experience in the Chinese Empire*, p.170-71.

25 W. A. P. Martin, *The Chinese: Their Education, Philosophy and Letters*, New York: Harper & Brothers, 1881, p. 287n.

26 James Finn, *The Orphan Colony of Jews in China*, pp. 98-104.

27 W. A. P. Martin, *The Chinese: Their Education, Philosophy and Letters*, pp. 287-98.

28 W. A. P. Martin, *A Cycle of Cathay, or China, South and North with Personal Reminiscences*, New York: Fleming H. Revell Company, 1896, pp. 265-79.

29 W. A. P. Martin, *The Awakening of China*, pp. 43-44.

可以帶動更多開封猶太人起而仿效。也有人建議為開封猶太人提供資金幫助。丁韙良之後，到訪開封猶太社團的西方人開始多了起來。

一八六七年三月底，曾有三位開封猶太人來到北京，他們帶來了三份《摩西五經》，希望能學習基督教教義和希伯來語。施約瑟會見了他們，結果令他感到失望，因為這三名猶太人根本不知道猶太教和基督教的不同，三人之中有兩人還抽大煙。但北京其他差會的傳教士卻認為，應當派人到開封，以便瞭解在那裡建立教會是否可行，他們一致力薦施約瑟前往。[30]

美國聖公會主教施約瑟（Samuel Isaac Joseph Scherchewsky, 1831-1906）是一位猶太人，後皈依基督教，曾創辦上海聖約翰大學。一八六七年，施約瑟打扮成中國人的模樣來到開封，他在那裡停留了大約二十五天。施約瑟瞭解到，開封還有二三百戶猶太家庭，不少家庭生活富足，但他們「已完全喪失了自己的宗教，從任何方面看都幾乎難以與異教徒區分開來。他們的家裡供奉著偶像，並留著祖先的牌位，一人還當了和尚。他們與當地人通婚，已不再行割禮，相貌、衣著、習慣、宗教諸方面已如同漢人……，雖然還保留著一些希伯來文經卷，但已不能認識。」[31]施約瑟的不期而至，引發了當地的排外情緒，很快他便離開了開封。

可見，施約瑟來訪開封的真實意圖同丁韙良一樣，也希望透過實地調查，謀求在開封建立基督教會，以爭取猶太人皈依。施約瑟眼中的開封猶太社團同十多年前丁韙良的記錄類似，開封猶太人的宗教生活每況愈下，同化程度很高。

---

30 轉引自 William Charles White, *Chinese Jews: A Compilation of Matters Relating to the Jews of K'ai-feng Fu*, Part I, p.188.

31 轉引自 William Charles White, *Chinese Jews: A Compilation of Matters Relating to the Jews of K'ai-feng Fu*, Part I, p.189.

　　施約瑟的調查記錄已不存，他的朋友柏漢理（Henry Blodget）一八六七年七月二十三日寫的信中曾提到他的這次開封之行。詹姆斯·亞瑟·穆勒（James A. Muller）於一八三七年出版的《中國使徒施約瑟：1831-1906》收錄了柏漢理信件的相關內容。[32]也有學者指出，由於施約瑟本人沒有留下相關記錄，不能證明施約瑟確實來過開封，因此其調查的價值也不大。[33]不過，從柏漢理的轉述來看，施約瑟的調查記錄符合當時開封猶太社團的具體面貌，其真實性較高。

　　一八六七年七月，丹麥商人J. L. 利伯曼來到開封，並停留了十一天，後迫於當地的排外局勢離開。利伯曼留下的記錄與丁韙良和施約瑟一致，即開封猶太社團總體上已趨於解體。利伯曼看到，猶太會堂已成廢墟，只剩下一些石塊和前堂的殘跡。猶太人普遍貧窮，無力修復。社團文物保管不善，猶太人告訴利伯曼，他們的經書流散各處，有的被當地人偷走，也有的被遷移到外地的猶太人帶走。會堂裡的金鐘被穆斯林偷走。由於他們已不再學習宗教律法，也認識不到重建會堂的必要性。最後一位掌教去世後，猶太人已不能誦讀宗教典籍，大部分人對教義一無所知，而且也已拋卻教義。儘管不再正常進行任何宗教儀式，猶太人仍將自己視為「摩西教」的信徒，他們也命令族人，「不得信仰其他宗教，以等待能釋讀律法的人前來，介紹給他們已遺忘的知識。」[34]如果猶太人有足夠的條件學習猶太教，他們將欣

32　James A. Muller, "The Jews of Kaifeng Fu", in *Apostle of China: Samuel Isaac Joseph Schereschewsky, 1831-1906*, Morehouse Publishing Co., 1937, pp. 69-73.

33　參見（法）娜婷·佩倫：《中國的猶太人：開封和上海猶太人社團的神奇歷史》（Nadine Perront, *Etre Juif en Chine: L'histoire extraodinaire Des communautes de Kaifeng et de Shanghai*），阿爾班·蜜雪兒出版社一九九八年版。轉引自榮振華、李渡南等編著，耿昇譯：《中國的猶太人》，頁314。

34　轉引自Michael Pollak, *Mandarins, Jews and Missionaries: The Jewish Experience in the Chinese Empire*, p.194.

喜異常。他們提出想迎接一位外國教師前來，還有人提出將部分族人送至歐洲接受民族教育，但外國人在當地易受猜忌，不便久留，而猶太人已不願離開故土，故作罷。

利伯曼的訪查記錄第一次出現於英猶協會（Anglo-Jewish Association）一八七八至一八七九年的年度報告，名為「關於中國猶太人的筆記」，取自利伯曼致其在奧地利的父親的信件，原文用希伯來文寫成。報告稱，利伯曼是第一個來訪開封猶太社團的歐洲猶太人。利伯曼的訪查記錄後又刊載於一八七九年七月十一日的《猶太新聞》（*Jewish Chronicle*），由A‧羅伊（A. Lowy）譯成英文擇要刊出。[35]有學者認為，利伯曼自己親眼所見的內容較為可信，而他從其他人那裡聽到的則明顯不可靠。[36]

這一時期，西方人曾設法使開封猶太社團皈依基督教，但因時局動盪，開封當地排外情緒高漲，利伯曼很快便離開了開封。一八八八年七月二十七日的《猶太新聞》曾發表一位匿名作者文章，該文作者聲稱自己的中國同伴曾於當年五月左右訪問過開封猶太人，但此文真假難辨。第二年，美國內地會牧師鄧尼斯‧密爾斯（Dennis. J. Mills）在開封停留了兩天。有人告訴他，開封猶太人仍為七姓，有大約二百戶家庭，他們正被迅速同化。密爾斯曾與一高姓猶太人交談，但在他看來，此人對民族宗教漠不關心。猶太人與異族通婚，進行偶

---

35 Michael Pollak, *Mandarins, Jews and Missionaries: The Jewish Experience in the Chinese Empire*, p. 189. 一八六七年，曾有一名為阿龍‧哈列維‧芬克的人將自己訪問開封猶太社團的記錄刊載於當年的《猶太新聞》（Jewish Chronicle）。芬克的記錄見於報端早於利伯曼，兩人的記錄在內容及結構、行文方式上多有雷同，但經波拉克考證，利伯曼的記錄較芬克可信。參見Michael Pollak, *Mandarins, Jews and Mission-aries: The Jewish Experience in the Chinese Empire*, pp.189-91, 392-94.

36 Michael Pollak, *Mandarins, Jews and Missionaries: The Jewish Experience in the Chinese Empire*, p. 191.

像崇拜。社團內部不和，一人殺了其族人，正坐牢候審。[37]密爾斯的調查記錄以《一次重要的巡迴傳教》（*An Eventful Itineration*）為題，發表於一八九一年倫敦出版的《億萬華民》[38]（*China's Millions*）雜誌。

一八九三年，蘇格蘭國家聖經學會的代表A. S. 阿諾德（A. S. Annaud）對開封進行了短暫的訪問，他來到猶太會堂的故址，看到猶太人仍居住在會堂附近。阿諾德第一個指出，開封猶太人現在只剩下六姓。一位高姓猶太人告訴他，開封猶太人有五百人，但當地穆斯林認為還不到二百五十人。[39]

一八九九年，河南代牧區主教安西滿（Simeone Volonteri）從一年長的猶太寡婦處收購了一部《托拉》和若干卷小經書，「這部《托拉》是我們所知道的被外國人弄走的十部《托拉》中的最後一部……這部《托拉》後不知下落。」[40]

一九〇〇年六月十日，英國大拉比赫曼·馬庫斯（Hermann Marcus）收到上海猶太商人S. J.所羅門的一封信。所羅門在信中轉達了他從羅伯特·鮑威爾牧師處得到的關於開封猶太人的消息。鮑威爾在開封前後住過若干年，他估計還有一百四十個猶太人住在開封，猶太人的社會地位不高。社團起了內訌後，便每況愈下。有個猶太人做了寺院主持。「猶太人不守任何教規……除了當了主持的那位猶太

---

37 Michael Pollak, *Mandarins, Jews and Missionaries: The Jewish Experience in the Chinese Empire*, pp. 199-200.

38 《億萬華民》（*China's Millions*）由中國內地會（China Inland Mission）創辦於一八七五年，為一英文宣教月刊，主要針對英語國家的基督徒讀者。

39 Donald Daniel Leslie, *The Survival of the Chinese Jews: The Jewish Community of Kaifeng*, Leiden: E. J. Brill, 1972, p. 65.

40 Michael Pollak, *Mandarins, Jews and Missionaries: The Jewish Experience in the Chinese Empire*, p. 200.

人，他們也不進行異教的偶像崇拜，但卻與異教徒通婚。」[41]

阿諾德和馬庫斯的訪問記載出現於李渡南的《中國猶太人的遺存》中，但李著沒有給出原始出處，不知其根據何在，尚有待進一步探究。

一九〇五年，法國外交官菲力浦‧貝特洛（Phillippe Berthelot）在開封見到了猶太人六個大家族的族長，他瞭解到，趙家的族長是茶葉商，艾家是鞋商，高家是泥瓦匠，李家是當兵的。張家很可能已被同化，其餘六家仍將自己視作猶太人，但他們聯繫已較鬆散，也不懂希伯來語。他們沒有皈依基督教，倒是傾向於伊斯蘭教或佛教。貝特洛的見聞以〈一個外交使團赴華的科學成果剳記〉為名，刊載於一九〇五年出版的《法蘭西遠東學院學報》第五卷。[42]

美國人阿伯特‧勞伊德（Abbott Lloyd）一九〇二年至一九一四年居住於開封，他稱，開封猶太人在衣著舉止上與當地穆斯林無多大區別，他們開有十二到十五家店鋪，售賣熱水和糖果，經營規模很小。[43]有關勞伊德的記載出自高德貝（Allen H. Godbey）所著《失蹤的十部落》一書。[44]

一九〇六年，英國作家奧利弗‧班布里奇（Oliver Bainbridge）來到開封，受到猶太人熱情招待。他瞭解到，猶太人曾將一部《托

41　Marcus N. Adler, "Chinese Jews", *Jewish Quarterly Review*, Vol, 13. No. 1(Oct., 1900), pp. 18-41.

42　參見（法）娜婷‧佩倫：《中國的猶太人：開封和上海猶太人社團的神奇歷史》（Nadine Perront, *Etre Juif en Chine: L'histoire extraodinaire Des communautes de Kaifeng et de Shanghai*），阿爾班‧蜜雪兒出版社，一九九八年版。轉引自榮振華、李渡南等編著，耿昇譯：《中國的猶太人》，頁314。

43　Michael Pollak, *Mandarins, Jews and Missionaries: The Jewish Experience in the Chinese Empire*, pp. 206-207.

44　Allen H. Godbey, *The Lost Tribes a Myth*, Duke University Press, 1930, p. 418.

拉》賣給了傳教士，還有一部被一個穆斯林毛拉弄丟。班布里奇給猶太人拍攝了一組照片，還得到了一部《托拉》經卷。班布里奇認為，很多猶太人因迫害、貧窮等原因而成為穆斯林，中國人稱猶太人為「挑筋教」、「藍帽回回」。當班布里奇來到一座清真寺時，曾有人喊：「殺死猶太人」（班布里奇誤被當作猶太人）。班布里奇的記錄以《中國猶太人》（*The Chinese Jews*）為名，後刊載於一九〇七年出版的《國家地理》雜誌（*National Geographic*）。[45]

　　一九〇〇年初，英國浸禮會傳教士李提摩太（Timothy Richard）給上海的S. J.所羅門寫信稱，安西滿最近從開封猶太人處買走了一部《托拉》和其他經卷，並將其寄給了徐家匯教區。上海猶太人很快意識到，應採取措施，避免開封猶太社團消失。一九〇〇年三月十三日，S. J.所羅門和大衛・以西結・亞伯拉罕（David Ezekiel Abraham）與另外四十四名上海猶太人聯名致信開封猶太社團，信中表示他們對開封猶太社團的沒落感到痛心，希望幫助開封猶太人重建會堂，派遣拉比，如開封猶太人願意前來上海定居，他們也將提供幫助。[46]五月十四日，三十一名上海猶太人成立了救援中國猶太人協會（the Society for the Rescue of the Chinese Jews），並通過了救援計畫。[47]一九〇一年四月六日，開封猶太人李慶生（音）攜其子抵達上海。李慶生稱，

---

45 Michael Pollak, *Mandarins, Jews and Missionaries: The Jewish Experience in the Chinese Empire*, p. 395.《國家地理》雜誌（*National Geographic*）由美國國家地理協會創辦於一八八八年，內容為世界各地社會、歷史及風土人情，並刊載大量圖片。該雜誌發行量巨大，在世界範圍內享有很高聲譽。

46 該信件英譯本由馬庫斯・N. 阿德勒提供。參見：Marcus N. Adler, "Chinese Jews", *Jewish Quarterly Review*, Vol, 13. No. 1(Oct., 1900), pp. 18-41.

47 一九〇三年五月三日的《紐約時報》登載了這一消息，標題為「首訪中國正統猶太人的居住地」（First Mission to Colony of Chinese Orthodox Jews），作者是弗雷德里克・埃迪（Frederick W. Eddy）。參見Michael Pollak, *Mandarins, Jews and Missionaries: The Jewish Experience in the Chinese Empire*, p.396.

開封猶太人中的成年人約有一四○人，猶太人不再從肉食中挑出筋脈，不再守安息日和其他節日，也不對新生兒行割禮。但猶太人不崇拜偶像，並禁食豬肉。李慶生的這段口述出自沃爾特・福克斯（Walter Fuchs）的〈開封府猶太人〉一文，該文登載於一八三七年八月出版的上海《天下》月刊。[48]

開封猶太人在上海時，曾有上海猶太人前來訪問他們。愛德華・艾薩克・埃茲拉（Edward lssac Ezra）曾向這些猶太人詢問相關問題，但收效甚微。另一位上海猶太人S. M.珀爾曼也作出過同樣努力，但他對這些開封猶太人的愚昧無知感到震驚。珀爾曼稱，這些人文化水準低下，缺乏教育。猶太人稱他們禁食豬肉，並挑去牛肉中的筋。大多數猶太人仍實行族內婚，但其他教規已不再遵守，甚至割禮已不再施行。他們將死者放入棺材，但棺材外形與中國人的不同，他們給死者穿上麻布衣物，這與中國人的也不同。開封還有約一千名猶太人，他們自稱其宗教為「挑筋教」，無人懂希伯來文。珀爾曼看到，這些猶太人的相貌特徵與中國人無異，只有一名十七歲的年輕人有點像歐洲人。猶太人的穿著也和中國人一樣，女人也像北方中國婦女一樣裹腳。[49]珀爾曼在一九一三年出版的《中國猶太人的歷史》一書中敘述了上述事實。

三　懷履光與他的《中國猶太人》

威廉・查理斯・懷特（William Charles White, 1873-1960），中文

---

48 參見William Charles White, *Chinese Jews: A Compilation of Matters Relating to the Jews of K'ai-feng Fu*, Part I, pp. 165-169.《天下》月刊於一九三五年八月在上海創刊，為民國時期著名的國人自辦英文雜誌。

49 S. M. Perlmann, *The History of the Jews in China*, London: R. Mazin & Co. Ltd., 1913, pp. 24-27.

名懷履光，是加拿大聖公會的一名傳教士。一八七三年八月，懷履光
出生在英格蘭德文郡的埃韋布里奇，後來到加拿大。懷履光的父母都
是虔誠的聖公會教徒，受家庭的影響，一八九一年，十八歲的懷履光
加入了渥太華青年基督教會。一八九七年，受加拿大聖公會派遣，懷
履光從溫哥華來到中國。起初，懷履光在福建傳教，傳教事業進展順
利。一九〇九年，懷履光被任命為河南聖公會的第一任主教。在河南
教區傳教期間，懷履光還積極參加救濟饑民等慈善事業，並受到當時
的北洋政府多次表彰。[50]一九三四年，懷履光從河南聖公會退休返回
加拿大，當年十月，就任多倫多大學中國考古學副教授兼安大略皇家
博物館遠東收藏部主任。一九四三年，成為多倫多大學第一位中國研
究系主任並擔任安大略皇家博物館副教授。一九六〇年去世。懷履光
曾利用各種機會和手段，為安大略皇家博物館搜集了大量珍貴的中國
文物，並將搜集到的文物陸續運往加拿大，促進了西方學界的相關研
究，但其盜運文物的行為也飽受非議。

　　懷履光既是傳教士，又是一名漢學家。一九一三年起，懷履光開
始在報紙和雜誌上發表有關中國的文章，他曾向漢學家、當時的金陵
大學校長弗格森以及著名學者郭沫若、董作賓等請教。一九三四年退
休回到加拿大以後，懷履光寫作並出版了一系列介紹和研究中國傳統
文化的著作，如《洛陽古墓考》、《墓磚圖集》、《中國廟宇壁畫》、《中
國古代甲骨文化》、《中國青銅文化》等。

　　除了中國考古和傳統文化的研究，懷履光還注意到了開封猶太
人。一九一三年，懷履光在上海出版的《中國傳教使團年鑑》（*China
Mission Year Book*）上發表〈河南開封的猶太人〉[51]一文，簡要介紹了

---

50 Lewis C. Walmsley, *Bishop in Honan: Mission and Museum in the Life of William C.
　　White*, Toronto: University of Toronto Press, 1974, pp. 129-130.

51 William Charles White, The Chinese Jews of Kaifengfu, in Honan, *China Mission Year*

開封猶太社團一些文物的流失情況。一九一九年，懷履光在上海的
《教務雜誌》（*Chinese Recorder*）上發表了〈中國猶太人初探〉[52]，
介紹了一九一九年五月加拿大聖公會專門為開封猶太人而召開的會
議，這次會議提出了關於開封猶太人工作的五項目的：一、使其互相
認識且組織起來。二、使其熟悉本民族歷史。三、使其熟悉先祖的歷
史和《聖經》。四、使其與世界上其他同胞取得聯繫。五、使其懂得
耶穌基督是猶太人，他前來拯救世界。但開封猶太人對此反應冷淡，
儘管七姓都有代表出席，但懷履光發現，他們的民族聯繫已渙散，民
族復興已無望。

　　懷履光以前，西方已出現不少關於開封猶太人的著作及文章，除
了親身赴開封進行探訪的西方人所留下的以外，大多無甚新意，甚至
存在宣傳附會、以訛傳訛的傾向，如有人稱開封猶太人乃歷史上失蹤
的古以色列十部落。懷履光在開封居住二十五年，是所有對開封猶太
社團進行實地探訪的西方人中停留時間最長的，其間他與開封猶太人
相處也較融洽。另外，懷履光自身有著良好的漢學造詣。綜合以上因
素，使得懷履光能夠對開封猶太社團作全面深入的材料搜集和考察研
究。懷履光將其調查研究的結果整理成《中國猶太人：開封府猶太人
事蹟彙編》（*Chinese Jews: A Compilation of Matters Relating to the Jews
of K'ai-feng Fu*）一書，全書共三卷，由加拿大多倫多大學出版社於
一九四二年出版。

Book, Shanghai, 1913, pp. 162-5. 轉引自 William Charles White, *Chinese Jews: A
Compilation of Matters Relating to the Jews of K'ai-feng Fu*, Part I, pp. 193-194.

52 William Charles White, An Attempt to recognize the Chinese Jews of Kai-feng, *The
Chinese Recorder*, Shanghai, Vol. L., No. II, November, 1919, pp. 780-782. 轉引自
William Charles White, *Chinese Jews: A Compilation of Matters Relating to the Jews of
K'ai-feng Fu*, Part I, pp. 194-195.

《中國猶太人》的學術貢獻

　　《中國猶太人：開封府猶太人事蹟彙編》分歷史、碑文、族譜三卷，其收錄文獻之豐富超過以往任何西方傳教士的相關作品，在開封猶太社團史的研究中具有重要的文獻價值和參考價值。從文獻意義上來說，《中國猶太人》的第一卷對以往西方對開封猶太社團研究的重要文獻做了系統的甄別、選取，有些文獻則擇要選錄。這些文獻勾勒出西方傳教士對開封猶太社團的調查歷史，時間上從十七世紀初利瑪竇與艾田會面到一九三二年美國人大衛・布朗的開封之行。有的為到過開封的西方傳教士的訪問記錄，如耶穌會士孟正氣、丁韙良等；有的則為西方學者的研究，如季理斐等。懷履光的這一工作為研究者直接利用原始史料、瞭解相關學術史提供了很大便利。

　　《中國猶太人》第二卷收錄了開封猶太社團的四塊碑文，即弘治碑（1489）、正德碑（1512）、康熙二年碑（1663）、康熙十八年碑（1679）。這四塊碑文是研究開封猶太社團的極為重要的史料。前三塊碑文已由不同時代的來訪者抄錄，但康熙十八年碑碑文還不曾見於任何文獻，懷履光抄錄了康熙十八年碑碑文，遂使得研究開封猶太社團的四塊碑文得以以較為完整的面貌呈現於世人面前。此外，懷履光還首次將碑文進行了翻譯，並作了許多注釋，這些注釋集中展現了懷履光對開封猶太社團的學理解讀。

懷履光對碑文和匾額的研究

　　懷履光對四塊碑文作了許多注解，從這些注解中，我們可以梳理出懷履光對開封猶太人諸問題的觀點，這些問題涉及開封猶太人的來歷、會堂、宗教生活等。

　　懷履光認為，儘管碑文中稱開封猶太人來自印度，表明開封猶太人是從海路來到中國。但開封猶太會堂裡波斯風格的希伯來文經書以

及陸路沿途發現的希伯來痕跡，都表明開封猶太人是從陸路而不是海路來到中國。關於入華時間，懷履光認為沒有證據表明猶太人在周代時來到中國。他認為，猶太會堂中的經書，其《創世紀》部分有猶太─波斯文標記，可見開封猶太人在十七世紀時採用的是塞琉古或「契約年代」的紀年法，而非更早時候的「創世年代」紀年法，這表明早期猶太人離開波斯進入中國的時間早於西元十世紀。[53]對於「進貢西洋布於宋」一事，懷履光認為「貢品」只是對當時猶太商人販運物品的一種委婉稱呼。根據碑文，開封猶太人有七十姓、七十三姓和十七姓三種說法，後減為七姓，故又有「七姓八家」之說。懷履光認為，「寧波趙應捧經一部齎至汴梁歸寺」表明，寧波也曾有一規模較大的猶太社團，因在開封猶太會堂遭水患後，寧波的猶太人將經書送給了開封猶太人。「寧夏金瑄，先祖任光祿寺卿」說明寧夏也有猶太人分布。

　　懷履光看到猶太會堂已不復存在，他根據實地考察，對會堂的地理位置作了研究。懷履光寫道，猶太會堂西側由南向北的街道名「土街」，加拿大聖公會接管會堂舊址時，看到舊址的部分已是一片污水塘。舊址占地面積寬三百五十英尺、長二百五十英尺，位於土街和火神廟街交叉口東南角。懷履光指出，弘治碑文中「土市字街」有誤，應為「土市十街」，「十」表示土街和火神廟街的交叉口。會堂的圍牆與兩條街緊挨，其西邊和東邊為商鋪環繞，商鋪面向兩條街的交叉口，會堂圍牆僅延伸至這些商鋪的背面。進入會堂圍牆的主要入口是東邊的一條胡同，名「挑筋教胡同」，另一個入口是南邊的李家胡同。[54]弘治碑文用五思達和掌教來稱呼猶太會堂的管理者，懷履光推

53 William Charles White, *Chinese Jews: A Compilation of Matters Relating to the Jews of K'ai-feng Fu*, Part II, p. 21.

54 William Charles White, *Chinese Jews: A Compilation of Matters Relating to the Jews of K'ai-feng Fu*, Part II, p. 24.

測，五思達和俺都喇很可能是波斯語。

繼孟正氣、邱天生和蔣榮基後，懷履光對會堂至聖所裡的宗教物品作了更多的描述，這些宗教物品有萬歲牌、經龕、經桌、貯經筒等。懷履光稱，萬歲牌上有「大明」或「大清」皇帝字樣，但沒有寫明是哪朝所造。萬歲牌後為一木框，木框為綠色橫樑，紅色門柱，有九英尺高、八英尺寬。至聖所裡有十三個不同的經龕，經龕的樣式與約櫃相同，十二個經龕代表以色列十二部落，第十三個則代表摩西。每個經龕的兩邊都放有「籠」，用來放置「方經」或「散經」，方經和散經雖無道經重要，但也頗受重視。懷履光詳細描述了《托拉》貯經筒的外觀：貯經筒為木質，外覆帆布，裡外為鍍金，十分筆直，筒高約三十英寸，直徑十一點五英寸。貯經筒呈縱向分為兩半，兩半由合頁連接，用銅扣子扣上。貯經筒半邊的頂部鑲有突出的火焰狀的把手。懷履光稱，萬歲牌上有「大明」或「大清」皇帝字樣，但沒有寫明是哪朝所造。萬歲牌後為一木框，木框為綠色橫樑，紅色門柱，有九英尺高、八英尺寬。木框後有一個六邊形的經龕，經龕裡裝有《聖經》。經桌位於約櫃的正前方，其大小並非邱天生和蔣榮基所稱的九英尺高、八英尺寬。經桌可能與平常的供桌類似，在宗教儀式時用於放置經卷，故有「經桌」之稱。經卷用黃色絲綢包裹放入經筒中，誦讀時將絲綢包裹褪去，而經桌則用來轉移和更換褪去的絲綢包裹。

懷履光認為，開封猶太人的《摩西五經》形成於波斯時期，為波斯猶太人傳統。開封猶太人的《摩西五經》為瑪索拉文本，瑪索拉《摩西五經》的第五十二和五十三卷合為一卷，故為五十三卷，而非通行的五十四卷。懷履光沒有發現猶太人用中文寫的書或是有關其宗教的書，這與耶穌會士的記載相同。

開封猶太人一日做三次禮拜，禮拜時要正衣冠、面朝天。其中一些姿勢與中國的穆斯林類似。懷履光發現，開封猶太人的某些禮拜姿

勢與中歐猶太人相似，儘管他們已相互隔絕數個世紀。

開封猶太人的儒化色彩較濃。懷履光認為，碑文中一些宗教文化和典章制度出自中國傳統經典，如《詩經》、《論語》、《中庸》、《易經》等，他也在多處引用相關典籍。他觀察到，開封猶太人的祭祖禮與中國人相同，且四季祭祖所用祭品不同。開封猶太人的日常祈禱也按照中國傳統計時進行。碑文作者雖為猶太人，但其行文卻有明顯的儒家文化色彩，以儒家文化闡釋猶太倫理宗教。

總的來看，由於自身較為深厚的漢學造詣，且與開封猶太人來往較多，懷履光對碑文的研究較管宜穆深入，尤其在會堂以及經書問題上，補充了以往傳教士記載的不足。懷履光對開封猶太人的宗教儀式和節日並無較多描述和研究，其原因或在於這一時期，開封猶太社團的整體宗教氛圍已極為淡薄，宗教儀式已不再進行，故懷履光無法親見其宗教活動。

除了四塊碑文，懷履光還完整抄錄了猶太會堂的二十四塊匾額和十七幅楹聯。懷履光以前，駱保祿曾於一七〇四年至一七〇五年將弘治碑和正德碑的碑文以及七塊匾額和五幅楹聯寄往羅馬，[55]一八五一年兩名中國代表之一的蔣榮基將會堂的十三塊匾額和八幅楹聯抄錄下來，[56]一九〇〇年西班牙人管宜穆（Jerome Tobar）用法文在上海發表了《開封府猶太人碑題》（*Inscriptions Juives De K'ai-fong-fou*），其中完整收錄了作者收集來的二十三塊匾額（不包括「清真寺」）和十七幅楹聯。

---

55 榮振華、李渡南等編著，耿昇譯《中國的猶太人》，頁66。

56 William Charles White, *Chinese Jews: A Compilation of Matters Relating to the Jews of K'ai-feng Fu*, Part II, pp. 117-131.

懷履光對族譜名冊的研究

　　《中國猶太人》第三卷是有關開封猶太社團的祈禱經文和族譜，收錄了一部分祈禱經文以及艾、張、趙、金、高、李、石等七個家族的族譜。這份祈禱經文和族譜來自一八五一年邱天生和蔣榮基從開封猶太人處購得的手抄本，手抄本共一〇六頁，其中二十五頁為經文和祈禱詞，用希伯來文和阿拉米文寫成；七十二頁為家譜名冊，用中文和希伯來文寫成，其他為空白頁。該手抄本是目前所知唯一的中文和希伯來文手抄本，現藏於美國希伯來聯合學院。懷履光之前，美國學者勞費爾（Berthold Laufer）曾發表專文介紹他對名冊的研究成果，他將這本七十二頁的名冊視作研究中國猶太人歷史的「新材料」。

　　勞費爾曾對照碑文和匾額中的人物姓名將名冊中的所有名字列表，發現康熙二年碑碑文中的六個姓名同時出現在名冊中，他認為，這本族譜名冊的編訂日期應與碑文撰寫日期相近，當在一六六〇至一六七〇年間，懷履光也持相近觀點。另外，名冊中的七個姓氏也出現在康熙二年碑上，這表明，名冊的真實性毋庸置疑。[57]

　　據勞費爾統計，族譜名冊中的人口總數是七一二人，[58]他推測，若加上沒有記錄在冊的，開封猶太社團的人口數量在一千人左右，與

---

57 Berthold Laufer, A New Source for the History of the Chinese Jews, *American Journal of Semitic Language and Literature*, vol. XLVI, no. 3, April, 1930. 轉引自William Charles White, *Chinese Jews: A Compilation of Matters Relating to the Jews of K'ai-feng Fu*, Part III, pp. 11-12.

58 懷履光認為勞費爾的統計有誤，但他沒有給出具體統計數字。從名冊來看，實際人數應與勞費爾的統計相差不大。江文漢認為，兒童的姓名與數字未列出，家譜所列總數為七一二人，如果包括散布在郊區未登記的猶太農民，則十七世紀下半期開封猶太人總數在一千人左右。這一估計與駱保祿一七〇四年訪問開封時的估計吻合。參見江文漢：《中國古代基督教及開封猶太人：景教、元朝的也里可溫、中國的猶太人》（北京市：知識出版社，1982年版，頁193）。

孟正氣的推斷結果接近。名冊中共有四五三個男子的名字，來自艾、
李、張、高、趙、金、石七個家族，有大約二百個家庭。名冊中人數
最多的李家有一〇九人，高家七十六人，趙家七十四人，張家七十三
人，艾家五十六人，金家四十二人，石家二十三人。名冊中的女子名
字有二五九個，勞費爾發現，這些女子中似乎有很多人是穆斯林或漢
人，有一個女子出自孔家，還有一個來自孟家。駱保祿在一七〇四年
的書簡中稱，開封猶太人「於族內彼此之間互相通婚，不與其他回回
雜婚」，但名冊中的外族女子說明，開封猶太人當時已與外族通婚。
懷履光發現，開封猶太社團中並無外族男子加入，因名冊中的男子名
皆為七姓。

懷履光曾研究過開封猶太社團人物二十七位，並為其寫下小傳。
懷履光的研究參考了中國地方史籍的記載，對碑文內容多有補充。這
二十七位猶太人中大多數為社團較有名望、為社團作出較大貢獻者，
其活動年月從十五世紀早期到十七世紀中期。

從族譜名冊中可見，開封猶太社團中存在一夫多妻現象，因為名
冊中許多猶太人的妻子不止一個，一個名張美的人似乎至少有六個妻
子。猶太女子不得嫁給外族男子，而猶太男子可以娶外族女子。猶太
人的妻子中，有五十二姓為外族。而且，開封猶太人似乎與穆斯林一
樣，也大量存在收養外族家庭女孩的習俗。名冊中很多人都被稱作猶
太人先祖如亞當、約書亞的兒子、女兒，這也許是為提醒族人要牢記
先祖。懷履光認為，族譜在用希伯來字母表達中文姓名方面，不算太
成功，且希伯來語的音譯也有明顯前後不一致的地方。另一方面，族
譜中也沒有用漢字來表達《聖經》人名，這與猶太會堂碑文上的行文
類似，碑文中的《聖經》人名也非常少。「亞當之子」和「亞當之
女」通常指與猶太人通婚的外族人，有六十三個名字為「以色列之
子」，五十個名字為「以色列之女」。猶太男子有一〇五個不同的《聖

經》名字，女子猶太二十五個，另外十五個男子名以及十一個女子名則無法識別。懷履光還發現，在九十三處指示拉比名字的地方，出現了三十八個不同的拉比名字，有些名字則是重複的。名錄中有兩個小先知的名字，但沒有大先知的名字。[59]

懷履光發現，這本中文和希伯來文的手抄本是開封猶太會堂裡唯一帶有中文的文獻，而其他已知的文獻皆由希伯來文寫成。而且除了碑文和會堂裡的匾額，沒有其他用中文寫成的《聖經》經文和歷史記載。所以，開封猶太人看起來在所有關於本民族宗教的問題上都使用希伯來文，懷履光認為，這也是導致開封猶太社團衰落的一個原因，因為一旦失去熟悉希伯來文的族人，宗教生活便難以為繼。而中國的穆斯林之所以能繁衍壯大，也與他們將中文應用於宗教文獻的寫作，進而發展為民族宗教文學實體有關，這樣民族宗教才不至於脫離中文語境而走向沒落。[60]

懷履光認為，儘管沒有直接的證據來說明開封猶太人的宗教習俗和社會風貌，但鑒於穆斯林和猶太人風俗相似，從中國穆斯林的生活可以窺探猶太人在中國的生活面貌。懷履光還拍攝了有關開封猶太社團的數幅照片，從照片上來看，開封猶太人的相貌、衣著與普通中國人無任何明顯差別，有些猶太女子甚至像漢人一樣纏足。隨著開封城市的敗落，開封猶太人的生活居住條件也較差，經濟水準較低。

懷履光很熟悉開封猶太人研究的學術史，他認為，開封猶太人問題的研究已進入死胡同，只能寄希望於在中國史籍中發現相關材料。但中國本土的相關記載並沒有提及猶太人，所以這本中文和希伯來文

59　William Charles White, *Chinese Jews: A Compilation of Matters Relating to the Jews of K'ai-feng Fu*, Part III, pp. 80-82.

60　William Charles White, *Chinese Jews: A Compilation of Matters Relating to the Jews of K'ai-feng Fu*, Part III, p. 101.

家譜名冊對研究中國猶太人問題的重要性便不言而喻。借助於家譜中的大量名錄，研究者有望按圖索驥查找開封猶太人的多代人名資訊，進而查詢散布在中國的猶太人。在肯定懷履光文獻搜集工作的同時，也應看到，懷履光側重於開封猶太人過往歷史的研究，而對其社團現狀關注不足，在懷著中很少看到關於社團現狀的記載。

二十世紀初，到過開封並發表有關開封猶太人記錄的西方人有美國外交官丁家立（1918）、美國旅行家哈里‧A.弗蘭克（1923）及E. M. 柏塞爾（1924）、上海編輯亞瑟‧索弗（1924）、前蘇聯軍官A. 克里莫夫（1925-1927）。一九二四年至一九二五年，救援中國猶太人協會也召開一系列會議，但受主客觀條件影響，其工作成效微小。

一九三二年十二月，美國猶太出版家大衛‧A. 布朗乘機由蘭州抵達開封，懷履光前往迎接。布朗來到猶太會堂遺址，看到原先的水溝和垃圾場已被聖公會填成一片空地。懷履光召集猶太人前來與布朗會面，後者發現，開封猶太人已剩趙、艾、李、石、張五家，大部分人的外貌與其他中國人相同，只有少數人帶有輕微的猶太人種特徵。一艾姓男子向布朗提出想建立學校，為年輕一代教授民族知識，使民族文化傳承下去。該男子稱，他們知道自己是猶太人，歷史上曾有過會堂和拉比，但具體情況他們已不知；開封猶太社團現在已沒有自己的宗教信仰，但他們仍把自己當作猶太人，他們稱自己是「挑筋教」。在場的猶太人對布朗的問題表現出濃厚的興趣，他們表示，如有復興民族的可能，他們當積極回應並恢復民族宗教信仰。布朗沒有給這些猶太人任何承諾，但他表示如要建立學校、重建會堂，他會盡力而為。布朗將此次開封之行的見聞以〈布朗會見中國猶太人〉為名，發表於一九三三年一月至三月間出版的《美國希伯來和猶太論壇》上。[61]

---

61 David A. Brown, Brown meets the Chinese Jews, *The American Hebrew and Jewish*

　　之後，美國記者哈里森・福爾曼、法國外交官皮埃爾・吉伯特在開封採訪過猶太人。[62]一九四三年，開封天主教會神父安東尼奧・卡塔內奧寫信給羅文達，稱石家已於一九二四年皈依天主教。[63]這一時期，還有一些西方人來到開封，他們看到的開封猶太社團已完全同化。[64]這些訪問者留下的記載完全證實了開封猶太社團衰落的事實。

　　以上便是十九世紀五十年代到二十世紀上半期，西方世界對開封猶太社團訪問調查的總體情況。這一時期的文獻記錄主要出自訪汴的新教傳教士，探訪開封猶太社團的目的已不限於宗教教義和經書，而涉及方方面面。較耶穌會士，調查範圍更廣，涉及社會、職業、與其他民族關係等。和耶穌會傳教士相比，新教傳教士並不太熱衷於研究開封猶太人的經書，而是著眼於開封猶太社團的整體風貌，對其人口、習俗、經濟文化等記述較多。這一時期來到開封的還有一個獨特群體，即世俗人士，如商人、作家、外交官等。他們多從報刊雜誌等管道瞭解到開封存有猶太人，而留下的記載也多側重社團的世俗領域。這樣，關於這一時期開封猶太社團的歷史風貌也就較為完整。

　　相較耶穌會士，新教傳教士對開封猶太社團的探訪並無明確目的。當時國門初開，古老的東方古國吸引著西方人的目光。猶太民族竟然在中國也有分布，這一事實本身就像磁石一般引起了西方人的好

Tribune (New York), January 27- March 10, 1933.

62 Harrison Forman, *Changing China* (New York, 1948), p. 147; Yitzhak Ben-Zvi, "The Stone Tablets of the Old Synagogue in kai-Feng-Fu," *Sefuot* 5 (1961): 5-66. 參見Michael Pollak, *Mandarins, Jews and Missionaries: The Jewish Experience in the Chinese Empire*, p. 403.

63 Rudolf Lowenthal, The Nomenclature of Jews in China, *Monumenta Serica*, Vol. 12 (1947), p. 109.

64 參見Michael Pollak, *Mandarins, Jews and Missionaries: The Jewish Experience in the Chinese Empire*, pp. 247-251.

奇遐想。所以，來訪者多為采風紀實，少有學理研究；多出於冒險獵奇，少有民族學、人類學研究。但傳教士們的所見所聞不斷在西方公布，推動了這一時期西方學者對開封猶太人問題的研究，而主要研究人員卻多是那些並未到過開封的西方學者。[65]

這一時期的記錄廣泛見於西方各報紙、雜誌、書籍以及學術刊物中，其中不乏《紐約時報》、《國家地理雜誌》等發行量大、影響廣泛的媒介。另外，除了文字記錄外，這一時期還出現了有關開封猶太人的影像資料，為後人提供了較為直觀的印象。如班布里奇拍攝的照片顯示，開封猶太人梳著辮子，與漢人相貌相同。

從這一時期的遺留文獻來看，開封猶太社團已處於全面的衰落中。首先表現在宗教生活和民族認同上，開封猶太會堂不復存在，宗教儀式已不再進行。民族禮俗除不食豬肉外，其他如割禮等也不再進行。猶太人還與外族通婚，原有的人種特徵逐漸消失，與漢人無異。但此時部分開封猶太人還保持著較強的民族意識，社團內部也不斷有人試圖重建會堂，恢復宗教生活。隨著晚清不平等條約的簽訂，來華外國人不斷增多，開封猶太社團的孤立狀態也逐漸被打破，不斷有西方人來訪開封。面對危局，整個社團已無矜持傲慢，社團中不時有人幻想借助傳教士重建會堂、派遣拉比等，以復興宗教、振興開封猶太社團，但收效甚微。傳教士們也為振興猶太社團做出了一些努力，如建立援助開封猶太人的專門組織，籌集資金，幫助猶太人學習民族宗教文化。但傳教士們同時也利用開封猶太人的無知，許下種種美好的

---

65 海曼‧庫布林（Hyman Kuplin）編輯的《舊中國的猶太人：若干西方觀點》（*Jews in Old China: Some Western Views*, New York: Paragon Book Reprint Corp., 1971.）和《中國猶太人研究：東西方期刊選粹》（*Studies of the Chinese Jews: Selections from Journals East and West*, New York: Paragon Book Reprint Corp., 1971.）彙集了這一時期西方學者研究開封猶太人問題的十篇論文，集中展現了對開封猶太人來歷、宗教、會堂等問題的研究。

諾言，騙走了珍貴的經書，使整個社團蒙受巨大損失，開封猶太社團的衰落之勢已無法阻擋。

從一六〇五年利瑪竇發現開封猶太社團並對開始探訪調查，到二十世紀上半葉探訪活動終止，在斷斷續續四個多世紀裡，基督教傳教士對開封猶太社團作了較為深入系統的調查。調查的內容涉及其宗教信仰、社會生活等多方面，為後世留下了這一少數族裔群體較為完整的歷史圖景，為後人研究提供了寶貴的史料。借助於這些史料，中外學者們才能透過歷史的迷霧去走近這個已消失的群體。及至今日，中外學者圍繞開封猶太社團進行了多方面的研究，出版了不少論著，開封猶太人也成為學界經久不衰的話題。尤其是關於開封猶太人的同化問題，更在一定程度上促進了人們對於中猶文化比較的多角度思考和討論，而對其的討論已超越了問題本身，成為不同文化和諧共存的範例。如果沒有基督教傳教士文獻，這一切都是無法做到的。

在傳教士與開封猶太社團的互動中，後者的民族意識得到了顯著強化。從早期耶穌會士的記載來看，開封猶太人對民族歷史瞭解不多，自稱「一賜樂業教」，來自西域。他們對猶太教教義瞭解也很有限，尤其是在封閉孤立的環境中，民族意識更易淡化。傳教士們在開封探訪期間，為拉近與猶太人的距離以得到後者信任，曾有意向開封猶太人講解猶太民族歷史和宗教知識，也使後者知道在世界其他地區存有自己的同胞。根據潘光旦的統計，開封猶太人自稱「一賜樂業教」、「古教」、「回回古教」、「天教」、「天竺教」、「挑筋教」、「教經教」、「摩西教」等，[66]他們以教名作為族名，但稱自己為「猶太人」，還是在與傳教士接觸之後。透過傳教士的介紹，開封猶太人將「猶太人」這一身分標識逐漸留存在集體記憶中。及至後來，雖已被徹底同

---

66 潘光旦：《中國境內猶太人的若干歷史問題——開封的中國猶太人》（北京市：北京大學出版社，1983年版），頁1-7。

化，但他們依然視自己為猶太人，並代代念念不忘，且不時地極力將這種身分訴求表現出來。[67]

　　傳教士們的功績應給予充分肯定，但客觀上，傳教士們的所作所為也在很大程度上加速了開封猶太社團的衰亡。從傳教士文獻來看，開封猶太社團面對危局，也曾努力自救。他們自身不知如何擺脫困境，於是將希望寄託在傳教士身上。因為當時的開封猶太人還分不清基督教與猶太教的差別，無法準確獲悉來訪者身分背景。傳教士們出於種種目的，利用花言巧語，將社團文物經書等弄走，[68]使社團失去了藉以進行民族傳統教育的載體，社團本已出現的衰落趨勢進一步加強。這些流失海外的經書推動了西方學者的相關研究，但對開封猶太社團所造成的損失則無法彌補。可以想像，對傳統經書奉為民族指標的「聖書之民」，一旦失去了經書，其宗教活動如何進行，民族傳統教育如何維繫和傳承。而且，與穆斯林曾經發起的「經典漢譯運動」不同，開封猶太社團在歷史上顯然忽略了猶太教經典的漢譯，「而在宗教傳播的過程中，經典的翻譯至關重要，有時甚至可以改變整個宗

---

67 張綏曾於一九八六年至一九八八年深入開封猶太人後裔中走訪，在所接觸到的猶太後裔中，他發現，儘管已完全漢化，無猶太教信仰和猶太教禁忌，開封猶太後裔仍視自己為猶太人。張綏認為，這種民族心理的滋生，主要在於希望享受少數民族的補貼、生育指標和升學錄取分數線的照顧等等，也在於部分猶太後裔「幽古懷想」的追思，他們希望自己被承認為「猶太族」，至少為「猶太人後裔」。參見張綏：《猶太教與中國開封猶太人》，頁85-96、121。不管出於何種原因，開封猶太後裔仍不忘自己的猶太血統，與歷史上來到開封的基督教傳教士有著密不可分的關係，正是後者的相關解說使開封猶太社團瞭解到更多關於本民族的宗教和文化習俗，進一步明確了自身的「猶太」特徵。

68 開封猶太社團流失的經書主要由傳教士獲得，也有部分經書為當地穆斯林或其他人所得，也有一些則不知下落。除了經書，流失的還有社團珍貴文物如靈陽玉磬、雕花石盆等。王一沙仔細統計過開封猶太社團流失的經書文物。參見王一沙：《中國猶太春秋》（北京市：海洋出版社，1992年版），頁203-206。

教乃至文化的命運。」[69]在經書不斷流失後且無外界補充後，開封猶太社團實際上也失去了任何將經書漢譯的機會。在這一過程中，參與獲取經書的基督教傳教士難辭其咎。

---

69 張倩紅：〈從猶太教到儒教：開封猶太人同化的內在因素之研究〉，《世界宗教研究》2007年第1期，頁122-123。

參　基督教傳教士文獻中的中國猶太社團

一　中國猶太社團的來歷、人口變遷和人種體貌特徵

　　根據碑文記載，中國猶太人從天竺來到開封，於宋孝宗隆興元年（1163）在開封建立猶太會堂。對於開封猶太人的來歷，十七世紀初的耶穌會士曾有過調查，調查結果也與碑文契合。開封猶太人告訴駱保祿和宋君榮，稱他們的祖先來自「西域」，但他們不知究竟是西域的那個地方；孟正氣認為，「開封猶太人是過去從波斯、撒馬爾罕或附近地區到華」[1]，宋君榮也持相近看法。關於來華時間，根據碑文和中國史籍，後人多根據弘治碑「進貢西洋布於宋，帝曰：歸我中夏，遵守祖風，留遺汴梁」的記載，認為開封猶太人在北宋時來到開封。而駱保祿、孟正氣和宋君榮卻稱，猶太人在漢代時來到中國，後定居開封。開封猶太人對有關問題的記憶和回答相當模糊，傳教士在開封的探訪中，也沒有找到相關的有力證據。囿於史料的匱乏，開封猶太人的來歷問題至今仍懸而未決。中外學者在這一問題上多採取直接與間接史料相結合的手段，提出了種種合理的假說，綜合碑文和傳教士文獻，開封猶太人的來源有「波斯說」和「印度說」，其大致來華路線則有陸路和海陸兩種說法。在入華年代上，中國學者多主張猶

---

[1]　孟正氣的第九封書簡，引自榮振華、李渡南等編著，耿昇譯《中國的猶太人》，頁141。

太人或在唐代入華，而定居開封則在宋代。[2]開封猶太人的入華年代和路線有待進一步的探究。

　　根據傳教士的調查，從十七世紀末到二十世紀上半期，開封猶太社團的姓氏和人口不斷減少。弘治碑文記載，猶太人初來開封時有七十姓，但見於碑文的僅有十七姓。康熙十八年碑稱「七十有三姓，五百餘家」。從邱天生和蔣榮基獲得的開封猶太社團家譜名冊看，十七世紀中後期，開封猶太社團的人口在千人左右。魏千志認為，明代時開封猶太人實際上有十七個姓氏，即十七個猶太家族。[3]而清代時則減至「李、趙、艾、張、高、金、石」七姓，他認為，姓氏減少的原因在於開封城的水災。駱保祿、孟正氣和宋君榮都在書簡中稱，猶太人有七姓。宋君榮認為，開封猶太人人數有將近一千人。一八五〇年邱天生和蔣榮基在開封調查時，開封猶太人仍為七姓。一八六七年，施約瑟在開封時聽人說，開封猶太人仍為七姓，有大約二百戶家庭。但到了一八九三年，蘇格蘭國家聖經學會的代表A. S. 阿諾德來到開封時，七姓已減至六姓。一九〇一年，開封猶太人李慶生在上海告訴傳教士稱，開封猶太人中的成年人約有一四〇人。一九三二年大衛·A. 布朗也發現，開封猶太人已剩趙、艾、李、石、張五家。一九一〇年，張相文訪問開封時稱，「張姓不知所往，見存六姓，人口約近二百」。[4]

　　至於姓氏和人口減少的原因，傳教士文獻中無具體解釋。懷履光認為某些姓氏的消失或因為一度受到迫害，或因為其他威脅。實際

2　參見徐伯勇：〈開封猶太人的幾個問題〉，《同濟大學學報》1991年第2期；魏千志：〈中國猶太人定居開封時間考〉，《史學月刊》1993年第5期；楊海軍：〈中國猶太人研究八十年〉，《中國社會科學》1994年第3期。

3　魏千志：〈中國古代猶太人姓氏變化考〉，《史學月刊》1997年第2期。

4　張相文：〈大梁訪碑記〉，《東方雜誌》1910年第3期，頁35-37。

上，姓氏和人口減少的一大原因在於開封城市的衰落，導致大量猶太
人外遷，而頻繁發生的巨大水災，又使開封猶太社團人丁損失嚴重。
另一方面，駱保祿和宋君榮稱，開封猶太人並不向外族傳播猶太教，
不接納外族人加入社團。從傳教士文獻來看，與外族的通婚，也使得
開封猶太人的族群意識逐漸淡化，不斷有猶太人徹底拋棄猶太教，最
終同化於穆斯林或漢人。所以，自然環境以及特殊的人文社會環境是
開封猶太社團姓氏和人口持續減少的原因。

　　姓氏和人口不斷減少的同時，開封猶太社團的整體人種體貌特徵
也在不斷接近漢人，猶太人種特徵越來越淡化，除少數人尚保留有猶
太人的部分外貌特徵外，大部分人已失去其種族原有特徵，以至於完
全與周圍中國人無異。利瑪竇與艾田會面時，稱艾田看起來像歐洲
人。耶穌會士沒有留下任何關於開封猶太人相貌的記載。十九世紀四
〇年代，開封猶太人鐵定安曾向英國駐廈門領事列敦講述稱，開封猶
太人「他們與中國人相貌相仿，猶太女子與開封女子十分相像，猶太
人與中原人有著一模一樣的相貌」。[5]一八六七年，施約瑟在開封時看
到，開封猶太人從任何方面看都幾乎難以與異教徒區分開來，其相
貌、衣著、習慣、宗教諸方面已如同漢人。一九一〇年，張相文訪問
開封時，見一趙姓猶太老者「高鼻深目，固與高加索種相仿佛也」[6]。
而在懷履光看來，很難看出開封猶太人的外貌與當地人有何區別。一
九三二年大衛・A. 布朗在開封也看到，大部分猶太人都變成了與黃
種人相同的膚色和外貌。從班布里奇和懷履光拍攝的照片來看，開封
猶太人的外貌的確與漢人無異，其族群體貌特徵已消失殆盡。

5　James Finn, *The Orphan Colony of Jews in China*, p. 23.
6　張相文：〈大梁訪碑記〉，《東方雜誌》1910年第3期，頁35-37。

二 中國猶太社團的經濟社會狀況

如前所述，相對於碑文，傳教士文獻對中國猶太社團的經濟社會狀況記述較多。有關開封猶太社團經濟社會狀況的記載主要來自十八世紀初到二十世紀上半期來訪傳教士的記錄，這一時期，開封猶太社團的經濟社會變遷極大地受到自然環境的影響，除少數人較為富裕，社團大多數人較為窮困，經濟社會地位平平。經濟狀況的不斷惡化又對開封猶太社團的宗教文化衰落起了催化作用。「由於史料限制，開封猶太人集團從興盛到衰落的歷史軌跡並不十分清晰，學術界對其興盛時期、衰落時期以及相關歷史原因等也沒有形成定論」。[7]從碑文和傳教士文獻的有限記載中，可以爬梳出開封猶太社團經濟和社會發展的一些大致狀況。

職業和經濟狀況

有關開封猶太社團的職業和經濟狀況的描述，碑文僅作了簡要概括，傳教士文獻則對此有較多敘述。根據正德碑碑文，開封猶太人從事著士農工商各種職業，甚至有參加科舉、位居高官者。「明清兩朝政府對於開封猶太人的政策是一致的。這兩個朝代的開封猶太人可以自由選擇職業」。[8]關於開封猶太社團的職業狀況，早期的耶穌會士很少有相關記載。根據懷履光對開封猶太社團族譜名冊的研究以及碑文的描述，開封猶太社團在明清時期曾出現不少位居高官者，宋君榮在一七二五年的一封書簡中說，「猶太人在軍隊中曾充任高級軍官和不

---

7 劉百陸：《開封猶太人碑文研究》（開封市：河南大學中國近代史碩士論文，2006年），頁58。

8 劉百陸：《開封猶太人碑文研究》（開封市：河南大學中國近代史碩士論文，2006年），頁66。

少文職官吏」。[9]開封猶太社團在仕途上的成就，與他們重視漢文化教育、熱衷科舉考試有很大關係。

　　利瑪竇從艾田處得知，開封猶太會堂建築規模宏大，造價近萬兩白銀。十九世紀四〇年代，開封猶太人鐵定安也曾向英國駐廈門領事列敦講述稱，在明代時，開封猶太人還算富有，其中高家從事香料生意，石家開一家大的絲綢店。這說明，明代時開封猶太社團的經濟狀況還是較好的。當時的開封猶太人從事士農工商各種職業，正德碑碑文載：「求觀今日，若進取科目而顯親揚名者有之，若布列中外而致君澤民者有之，或折衝禦侮而盡忠報國者有之，或德修厥躬而善著於一鄉者亦有之矣。逮夫農耕於野，而公稅以給；工精於藝，而公用不乏；商勤於遠，而名著於江湖；賈志於守，而獲利於通方者，又有之矣。」所以，王一沙稱明代為開封猶太社團的「黃金時期」。[10]有關清代開封猶太社團經濟狀況的資料較少，但可以確定的是，明末黃河水患後，社團整體上便每況愈下。一八五〇年受派遣前往開封的邱天生和蔣榮基也獲悉，開封的一些猶太家庭已極端窮困，甚至衣衫襤褸，食不果腹。一八六六年丁韙良來訪時發現，開封猶太社團已拿不出錢去修復坍塌的會堂，卻任由貧窮的族人變賣會堂的建築用材。貧窮也迫使一些人到其他地方謀生路。從丁韙良和施約瑟的記載來看，當時河南的農民戰爭使開封猶太社團損失很嚴重。懷履光也寫道，開封猶太人任由會堂珍貴文物流失而無動於衷，但社團的貧窮已無法阻止族人出賣文物。

　　依現有材料來看，與世界其他地方的猶太人不同，開封猶太人少有迫害，也無職業等方面的種種限制。從傳教士文獻來看，其社團經

9　宋君榮一七二五年九月四日致杜赫德神父的書簡，轉引自榮振華、李渡南等編著，耿昇譯：《中國的猶太人》，頁167。

10　王一沙：《中國猶太春秋》（北京市：海洋出版社，1992年版），頁35。

濟結構與周圍的漢人並無明顯差異。傳教士文獻中並無開封猶太人對
職業選擇的看法，但從早期耶穌會士書簡來看，開封猶太人普遍熱衷
於儒化教育，借此走入仕途，社團因此也湧現出不少高官顯宦。而
這一時期開封猶太社團較為繁榮，從事多種獲利行業。貧窮是開封猶
太社團衰落的，受此影響，猶太宗教信仰也日益淡化，族群最終走向
消亡。

社會地位

　　在中國封建社會，開封猶太社團社會地位的高低與其少數民族身
分緊密相連。根據弘治碑的記載，可知開封猶太人來到並定居開封是
受最高統治者允准，其應享有與主體民族同等的政治經濟地位。金元
時期，有關開封猶太人社會地位的記載較為缺乏。根據金元時期少數
民族政權的民族政策，開封猶太人的社會地位應不低於漢人。「因為
根據政策規定，開封猶太人可能屬於第二等級的色目人，享受相當的
優待，具有較高的社會地位」，[11]開封猶太人的地位或還高於漢人。而
且，這一時期，開封猶太社團總體上較為富有，修建造價昂貴的猶太
會堂即為明證。

　　開封猶太人的民族屬性曾長時間不為當地漢人所知，後者將猶太
人與穆斯林混為一談，籠統地稱其為「挑筋教」，故可以開封穆斯林為
參照來窺見猶太人在明清時期的社會地位。有學者指出，明清時期，
除造反者，猶太人和穆斯林的地位都是平等的。[12]另外從碑文來看，明
代到清初，開封猶太社團曾出現不少較有名望的社團領袖，趙映乘、

---

11 劉百陸：《開封猶太人碑文研究》，（開封市：河南大學中國近代史碩士論文，2006
　　年），頁60。
12 參見殷罡：〈相同環境下的不同結局──開封猶太社團與穆斯林社團歷史比較觀
　　察〉，轉引自李景文等編校，張倩紅審定：《古代開封猶太人：中文文獻輯要與研
　　究》，頁346。

趙映鬥便是其中代表。朝廷高官也為社團撰寫碑文、楹聯和匾額，可見社團名聲遠播，較有影響，其社會地位可能還要高於穆斯林或漢人。

十八世紀初的耶穌會士書簡很少有關於當時開封猶太人社會地位的記載，但從新教傳教士文獻來看，在與開封猶太人的對話中，後者並沒有講述他們的先祖在中國曾受到迫害或不公正對待。所以，單從當時社團的經濟發展情況來看，從十八世紀中期到二十世紀上半期，開封猶太社團的總體社會地位應與當地其他民族相同。十九世紀後期，整個社團已衰敗，除少數族人生活殷實，大多數人窮苦不堪。社團人數不斷減少，民族凝聚力持續下降，猶太社團的總體社會地位低下。波拉克也認為，在歷史上某些時期，開封猶太社團中擁有財富地位者占社團總人口的比例要高於主體社會；而在衰落時期，這種比例可能會低於主體社會。[13]

社會風尚

大流散時期，「所有猶太社團都持有一種『猶太一體觀』（Klal Yisrael），他們共同牢記《塔木德》中所有以色列人互相負有責任的古老教誨，對社團內部的貧窮者提供幫助、進行接濟……」。[14]開封猶太社團也不例外，他們曾長時間保持一種團結互助、尊老愛幼的良好社會風尚。開封猶太社團以儒家傳統倫理綱常來規約族人品行，規範種種人際關係。正德碑以「道」來闡發倫理道德的終極真理，碑文載「是故道行於父子，父慈子孝；道行於君臣，君仁臣敬；道行於兄弟，兄友弟恭；道行於夫婦，夫和婦順；道行於朋友，友益有信……至於鰥寡孤獨，疲癃殘疾者，莫不矜恤賑給，俾不至於失所」。早期

---

13 Michael Pollak, *Mandarins, Jews and Missionaries: The Jewish Experience in the Chinese Empire*, p. 309.

14 張倩紅、艾仁貴：《猶太文化》（北京市：人民出版社，2013年版），頁111。

耶穌會士對有關開封猶太社團社會風尚的記載較為缺乏，但至少當時
開封猶太社團內部應較為和睦。

　　但到了十九世紀，隨著社團的日益貧窮以及民族傳統的缺失，良
好的道德風尚開始發生變化。首先，屬於開封猶太會堂的物品不斷被
族人偷偷變賣。猶太會堂為全社團共有，在族人心目中地位極高，會
堂財物歷來保管極為嚴格。但隨著社團宗教信仰日益淡薄，傳統的猶
太倫理道德觀念已逐漸失去教化作用，會堂也日趨破敗，疏於管理，
經書等物品開始流失，其中相當一部分財物被人拿去變賣。傳教士文
獻中多有關於社團財物遭盜竊的記載，如一八五〇年開封猶太人趙念
祖在給英國駐廈門領事列敦的信中便嚴厲地批評自己的族人：「有一
些人想賣掉會堂建築及其他物品，他們是張清及高美鳳、高金瑛兄
弟；石守禮和趙甯渡把會堂的部分建築抵押了出去。出賣經書的人有
高磬、高孝篤和趙大腳，誰有權的話一定要採取措施制止這些可恥的
行為」[15]。其次，社團內部不和，甚至存在刑事犯罪。一八六七年丹
麥商人利伯曼在開封聽說，一猶太人殺了其族人，正坐牢候審。

三　中國猶太社團的會堂、經書及宗教習俗

　　傳教士文獻中有許多關於中國猶太社團的會堂、經書及宗教習俗
的記載，是瞭解開封猶太人宗教生活的重要視窗，而有關這方面的傳
教士文獻也最為豐富。早期耶穌會士尤其關注這方面的調查。從傳教
士文獻來看，開封猶太社團的會堂、宗教習俗既有猶太傳統元素，同
時也帶有濃郁的儒化色彩。而開封猶太社團的經書則大體上保持了猶
太傳統風格，只是在經文品讀上帶有波斯痕跡。

---

15 James Finn, *The Orphan Colony of Jews in China*, p. 44.

猶太會堂的建築格局和內部陳設

開封猶太會堂始建於宋孝宗隆興元年（1163），是維繫開封猶太社團的重要紐帶。相對於碑文，傳教士文獻對於開封猶太會堂的記載更為詳細。傳教士文獻對於碑文的補充主要有：會堂外觀布局的直觀刻畫、會堂內部陳設的較詳細介紹以及會堂的最終消亡。[16]

孟正氣在一封書簡中曾專門繪製了會堂的外觀圖，而從邱天生和蔣榮基的訪查日誌來看，孟正氣的繪圖大致展現了猶太會堂的基本建築格局。從圖中可以看出，會堂的建築布局為中國傳統的庭院建築，會堂坐西朝東。猶太會堂的建築布局錯落有致，共分三個進院。第一進院臨街，進去有一牌樓，上書「敬天祝國」四個大字，牌樓正西為一大門，大門左右有花牆。穿過大門進去為第二進院，院中間是艾氏牌坊，牌坊兩側有南北兩個碑亭，亭中立有弘治、正德和康熙三塊石碑。第三進院最為肅穆壯觀，宗教活動的中心聖殿便在這道院子，院正西坐落著會堂大殿，猶太人稱之為「一賜樂業殿」，殿前三面有石刻花欄，花欄前有左右一對石獅。大殿又分前後兩殿，前殿為至清殿，後殿為藏經殿。大殿左側為教祖殿，右側為聖祖殿，分別用以祭祀先祖亞伯拉罕和摩西。整座會堂內還有十七幅楹聯和二十四塊匾額，匾額標示建築物名稱，楹聯則多彰顯開封猶太社團的宗教倫理觀念。

孟正氣還粗略繪製了大殿內的布局圖，從圖中可以看出，大殿為穹頂。殿中沒有祭壇而只有香爐，在講經壇前，有一張長長的案子和香爐，裡面既沒有雕像，也沒用畫像，說明會堂不供奉偶像。駱保祿認為，開封猶太會堂與歐洲猶太會堂有些類似。[17]開封猶太人也像漢

---

16 有學者綜合中外史料對開封猶太會堂的規模和格局變遷做了縝密的考證。參見劉百陸：〈開封猶太人清真寺規模與格局變遷〉，《河南大學學報》（社會科學版），2013年第3期。

17 駱保祿的第七封書簡，榮振華、李渡南等編著，耿昇譯：《中國的猶太人》，頁167。

人一樣祭祖，在猶太會堂庭院裡有一間專門用於祭祖的「祖堂」，祖
堂供奉著傳說中的猶太人先祖，也供奉有已故的族人。

從駱保祿第七封書簡來看，會堂內供奉著皇帝的「萬歲牌」，萬
歲牌的位置較為顯眼，以示對最高政權的服從。會堂中央有個高大的
摩西椅，摩西椅上有漂亮的織錦覆蓋，每逢安息日或重大的節日，猶
太人便將《摩西五經》置於主教上誦讀。蔣榮基也看到，摩西椅前有
大香案，後面有一大方桌，桌上供奉著帝王牌位，牌位上寫：「大清
皇帝萬歲萬歲萬萬歲」。這也說明，開封猶太人作為少數民族，十分
注重維持與世俗中央政權的關係，以更好地在客居地繁衍生存。會堂
內的至聖所藏有十三部《摩西五經》，分別有會幕遮蓋。至聖所只有
掌教才能進去，其他人不能隨便出入。

開封猶太社團極為珍視會堂，對其呵護有加。歷史上會堂由於自
然或人為破壞，曾歷經多次重修。會堂為聖潔之地，開封猶太人鐵定
安在給英國駐廈門領事列敦的信中稱，不明身分者或運送豬肉的人不
能從會堂附近經過。[18]但隨著社團的衰落，會堂在猶太人心目中的地
位一落千丈，任憑其頹圮坍塌。一八五〇年，趙念祖在信中稱：「猶
太會堂很長時間都沒有管理者了，會堂四周的圍牆也破爛不堪，供奉
聖人的堂屋已成廢墟，沐浴堂和藏經殿也只剩殘垣斷壁」。[19]一八六六
年，丁韙良看到，猶太會堂故址已是一片廢墟。

中國猶太社團的經書

碑文將開封猶太社團的經書分為道經、方經和散經。道經即《托
拉》，方經和散經為各類宗教祈禱文書。早期的耶穌會士對開封猶太
社團的經書十分關注，在他們的書簡中，有大量關於經書的描述，這

---

18 James Finn, *The Orphan Colony of Jews in China*, p. 23.

19 James Finn, *The Orphan Colony of Jews in China*, pp. 40-41.

極大地補充了碑文的不足。耶穌會士們曾耗費巨大精力意圖從開封猶太人手中將經書弄走，以作更深入研究。由於後者對經書保管嚴格，耶穌會士們的願望落了空，但他們基本摸清了經書的存放、分類及內容。

駱保祿和孟正氣看到，開封猶太人的《摩西五經》藏在至聖所的約櫃中，有十三塊會幕遮蓋，一共有十三部《摩西五經》。經文寫在特大幅的羊皮紙上，沒有標點，裝訂成冊，每逢安息日，便虔誠地將其從至聖所中取出，頭戴面紗誦讀。

經書分為四類，第一類是「大經」，即《摩西五經》，共分五十三卷。猶太人把《摩西五經》分為五十三卷，稱之為「五書」，或「大經」。其順序與阿姆斯特丹本《聖經》完全相同，這也是開封猶太人僅有的正典聖經。大經保存在至聖所的約櫃中，用大卷羊皮紙或很堅實和黏貼得很牢固的紙寫成，卷在卷軸上，可以方便地打開卷起。大經總體上保存較完整，只是被水浸泡過。猶太人聲稱，大經已有六百年歷史，除大經為原件外，其他經書皆為從西域來的猶太人向他們提供的抄本。大經以古老的方式分卷，沒有標點，但在內容上與阿姆斯特丹本《聖經》基本相同，只是在寫法和讀法上有些差別。第二種是「散作」，共有三十多卷，但不完整。第三類是「禮拜書」，在禮拜儀式中使用，也用於割禮、婚禮和葬禮等。包括《大先知書》、《小先知書》和《歷代志》，《小先知書》和《歷代志》的大部分都不完整。第四類是《哈費他拉》，即《聖文集》，殘損最為嚴重，因為他們聲稱過去有八十卷之多。駱保祿也提到，除「大經」外，還有一大批祈禱用的小經書。猶太人稱，經文本就無標點，為方便閱讀而加了標點。

在這些經書中，開封猶太社團最為尊崇的是「大經」即《托拉》，這與猶太民族的宗教傳統契合，說明開封猶太社團認識到民族元典的重要性。碑文稱「大經」為道經和正經，道經的獲得源於天，

是超驗的最高真理所在。「道」與經之間為修飾關係，意為講道的
經。道經規範著倫理綱常，「自是人知君臣之義，父子之親，兄弟之
序，朋友之信，夫婦之別，原本於知能之良，人人可以明善復初」。
道經既然如此重要，開封猶太社團自然對其呵護備至，碑文和傳教士
文獻中便多次出現對修繕和增補道經的記載。

　　經書的卷數和基本形態也不是一成不變的，在傳教士的記載中，
經書也經歷了數次大的變化。在經歷破壞後，開封猶太人的經書由國
內其他地方以及波斯的猶太人補充，不但在數量上發生改變，其版本
內容也有變化。[20]碑文曾記載經書得到過多次修繕，也曾由波斯來的
猶太人補充。孟正氣瞭解到，經書有專門的「堂家」看管，堂家被尊
稱為「滿喇」或「師傅」，但一旦經書出現意外丟失現象，「堂家」將
被辭退。經書極受猶太人敬畏，「出賣它就如同出賣其上帝一樣」。[21]
有一猶太人名艾文，欲將經書取走賣給孟正氣，但被當場抓住。另
外，猶太人很少將經書藏於家中，而是置於會堂妥善保管，所以很少
有私人保有《聖經》。儘管猶太人大多已無力閱讀經文，但他們仍舊
視經書為社團極為神聖的物品。經書嚴禁出售給外族人，耶穌會士曾
想出種種辦法誘使開封猶太人賣給他們經書，但都失敗了。

　　在孟正氣看來，猶太人不願也不能將自己的《聖經》與阿姆斯特
丹本《聖經》作對比。他們對孟正氣手中的《聖經》表現得無動於
衷，僅對其外觀感興趣。或許是因為，開封猶太人認為自己的聖經更
古老。孟正氣認為，猶太人根本不懂經文。另外，孟正氣發現，開封
猶太人中已無人能勝任抄寫經文。由於很久以來都沒有從西域來的精
通經文的滿喇，他們也不對經文進行研究，在失去了被稱為《讀經
本》的語法書後，整個社團便沒有能夠解讀經文的人。而駱保祿提

20　參見劉百陸：〈從碑文看開封猶太人「道經」〉，《學海》2011年第6期。
21　孟正氣的第八封書簡，榮振華、李渡南等編著，耿昇譯：《中國的猶太人》，頁134。

到，掌教能閱讀希伯來文。或許掌教並不理解經文。從與開封猶太人
對話中，宋君榮也發現了這一點。宋君榮還親眼看到，開封猶太人將
所有的經文都讀錯了。他們不懂《聖經》的歷史，對經書中先祖的歷
史也一無所知。宋君榮所言雖然似顯誇張，但也說明開封猶太社團的
整體宗教素養已嚴重下滑。

　　由於遭水患重創，經書的保存狀況不佳，除主體經書即大經較為
完整外，其餘經書多有殘損。開封猶太人不願也無力再修繕增補缺失
的經書，且任由其不斷殘損、流失。當初的耶穌會士沒能拿走開封猶
太人的任何經書，但隨著開封猶太社團一步步走向解體、猶太會堂一
步步變得衰敗，經書的保管開始鬆弛。自十八世紀新教傳教士來訪
後，經書便不斷流失。邱天生和蔣榮基首先買走了六部《摩西五經》
及其他小經書，繼而，丁韙良、施約瑟、安西滿、班布里奇等先後從
開封猶太人手裡得到數量不等的經書。[22]這些流失的經書現藏於歐美
數所博物館和圖書館。

宗教節日和習俗

　　駱保祿和宋君榮記載道，開封猶太人遵守安息日和復活節，安息
日這天不生火煮飯，而在前一天煮煎和烹調好。除了安息日和復活
節，他們在一年中還有其他的盛大節日。在贖罪日，他們要在猶太會
堂內痛哭一整天，且須滿腔悲痛。孟正氣在書簡中提到了住棚節和轉
經節。猶太人在轉經節祈禱時沒有穿任何神聖的服裝，沒有香爐，也
沒有音樂，僅僅在會堂庭院內舉行轉經儀式。禮儀的主持人佩戴一條
紅色塔夫綢的披巾，從右臂的上部一直斜披到左臂的下部。坐在摩西

22　參見李景文：〈古代開封猶太族裔經書存失之考察〉，《周口師範高等專科學校學
　　報》，1999年第1期。

椅上的人用一條完全展開的和專供此用的棉紗面罩蒙面。其他人頭戴藍紗小帽，所有人都赤著腳。

開封猶太人的節日按中國傳統農曆日期，而非傳統猶太曆法。趙念祖在給列敦的信中列舉了這些節日及習俗：農曆二月十四日，吃乾餅或無酵餅，那些被稱為「油香餅」的無酵餅分發給族人。農曆六月十日這天要點火，這一天被稱為「士師門節」。農曆八月二十四日，要在會堂中講經，大門緊閉，經書打開，人們誦讀經文，然後分發被染成紅色的錢幣。農曆八月初一是大族長節或大先知節。農曆九月初二是小族長節或小先知節。農曆六月初一是出劍節或解脫節。[23]

碑文中提到的節日有安息日、贖罪日和禁食日。開封猶太人稱守安息日為齋，與中國穆斯林相似。安息日習俗和規定在碑文中有所體現，除了不生火、不做工外，還要求人們「靜察動省，存誠去偽，以明善而復其初也」。這也說明安息日這一重要節日的內涵已較為漢化。而贖罪日和禁食日的遵行也如安息日一樣，除了鮮明的猶太傳統外，還洋溢著濃郁的儒家文化氛圍。

開封猶太人嚴格遵守《舊約》中的禮拜儀式，自稱從亞伯拉罕開始實行割禮，開封猶太人在第八天為嬰兒施行割禮。為紀念出埃及以及渡紅海，而盛行無酵餅和逾越節宰殺羔羊等習慣。開封猶太人當中還有文人，如秀才或監生，他們與漢人一樣尊孔，也參加隆重的祭孔儀式，和其他人一樣在孔廟中進行。開封猶太人都崇拜已故的先祖，並按照中國人的方式保留了靈牌。還在猶太會堂庭院的一側設祖堂，供奉去世先祖。

開封猶太人不吃帶血的肉，宰殺牲畜時要挑斷筋和經脈，以使血流盡。外族人也因此稱開封猶太人的宗教為「挑筋教」，而後者也樂

---

23 James Finn, *The Orphan Colony of Jews in China*, p. 42.

意接受此稱呼。誦讀經書時，以透明的面罩蒙面，據說為紀念摩西蒙面向以色列人講授上帝教法。

　　而從一八五一年邱天生和蔣榮基購到的祈禱書來看，在宗教生活較為繁盛時，開封猶太社團會慶祝所有的猶太傳統宗教節日，而非僅僅上述提到的節日。日常祈禱也像其他地區的猶太人一樣，誦讀經書的週期也與西方猶太人幾乎沒有任何差別。[24]而到了十九世紀，開封猶太社團的宗教節日開始不再為族人所重視了。正如鐵定安所說的，他自己沒有看到過猶太人的住棚節，會堂裡沒有祭司，也沒用任何形式的祈禱，只有一個有錢人掌管著會堂。但他又說，一些猶太人告訴他，祈禱的時候將雙手舉至耳邊，而一些猶太人主張將雙手前伸，指向大地，還有一些人則把雙手交叉放置胸前。一些人稱第六天為安息日，也有人說是第八天。由此可見，猶太人內部已對民族傳統節日較為淡漠，以至於產生了分歧。

四　中國猶太人與漢族和穆斯林的關係

　　總體來看，中國猶太人與當地民眾及當局的關係較為融洽。從中國古代社會對開封猶太人的認識和態度來看，開封猶太人這一獨特群體在長時期內並不為中國人瞭解，[25]中國也不存在所謂的反猶主義。所以，一方面，猶太人在開封能夠長時期保持其穩定的族群生活；另一方面，開封猶太人的最終同化也與此有密不可分的緊密聯繫。在傳教士較為有限的記載中，也能看到這一點。

---

24 Donald Daniel Leslie, *The Survival of the Chinese Jews: The Jewish Community of Kaifeng*, p. 86.

25 張禮剛：〈中國古代社會對開封猶太人的認識和態度〉，《華北水利水電學院學報》（社科版）2004年第1期。

　　開封猶太人宋時定居開封，便是由統治者恩准。開封猶太社團人
數較少，不構成對現存政權的威脅，故而歷代皆對其像其他少數民族
一樣，施以寬容政策。開封猶太社團也對歷代王朝表示順服，其會堂
中供奉的萬歲牌便為明證。從耶穌會士書簡來看，開封猶太社團與漢
族和穆斯林並不通婚，也不向外傳教，但至少應存在一定程度的經濟
往來。漢族人由於不瞭解猶太人的宗教身分，將其與穆斯林視為同
族，籠統地稱其為「藍帽回回」。猶太人與漢族的緊密聯繫主要表現
在其對漢文化的推崇上，猶太人熱衷於科舉考試，考中之人由於社會
地位的升高也往往成為社團領袖，受族人愛戴。所以，猶太人雖在宗
教觀念領域與漢人涇渭分明，但在世俗政治層面，則對以漢人為主體
的主流社會敞開懷抱。這或許是猶太人為更好地維護其社團利益而採
取的權宜之計，但社團領袖的漢化在很大程度上影響到社團未來的命
運。開封城內的穆斯林人數遠較猶太人多，後者不可避免要受到前者
的影響。比如，由於文化習俗的相似性，開封猶太社團最先打破族內
婚時，與外族進行通婚的對象也是穆斯林。這樣來看，猶太人與穆斯
林的關係似應較為融洽。而從後來訪問開封的西方人的記載來看，開
封猶太社團中有不少人成了穆斯林。

　　但在以身分等級為重的中國傳統社會，由於清中葉後開封猶太社
團中已較少有官宦出現，社團也日益貧困，社會地位低下，猶太人開
始備受歧視。新教傳教士文獻中留下了相關記載。開封猶太人鐵定安
在給英國駐廈門領事列敦的信中稱，猶太人將他們的女兒嫁給穆斯
林，而穆斯林卻不肯將女兒嫁給猶太人。[26]邱天生也在日誌稱，猶太
人受到鄙視，沒有其他中國人願意與他們為友，他們被周圍人視為被
拋棄者。[27]

26　James Finn, *The Orphan Colony of Jews in China*, p. 23.

27　James Finn, *The Orphan Colony of Jews in China*, pp. 68-69.

五　中國猶太社團的衰落

　　傳教士文獻的一個突出特點，便是記錄下了開封猶太社團衰落的大致軌跡。來到開封的傳教士們見證了開封猶太社團一步步走向衰亡，但他們沒能對其具體原由進行探究。有關開封猶太社團衰落的具體表現，如社團人口的減少、人種特徵的消失、民族宗教文化的習俗的消亡等，前文已有論及，此不贅述。需要指出的是，開封猶太社團的衰落包含兩層含義：一是社團經濟社會狀況的惡化，二是社團的同化即民族文化的消亡。這兩方面共同起作用，促成了開封猶太社團的歷史命運。[28]

　　猶太社團經濟社會狀況的惡化起因在於開封城市的衰落，歷次水患對開封城的巨大破壞使開封猶太社團遭受重大損失，人口大量減少，經濟民生每況愈下。在傳教士文獻中，多次提到開封猶太人因日益貧困而無力重建會堂，無法培養宗教人才，繼而無望振興民族宗教。在早期的耶穌會傳教士的記載中，猶太社團尚較富裕，雖受漢文化衝擊，很多族人從小熱衷學習儒學，參加科舉，但民族宗教習俗還較為完好地保留著，一些重要的風俗習慣如安息日、割禮等還嚴格地得到施行，也有人懂得希伯來語。但時過境遷，社團的日益貧困在悄無聲息地改變著這一切。到十九世紀中後期，社團中已無人懂希伯來語，宗教習俗的遵行也失去強制力，經書等文物不斷流失，標示猶太

28　開封猶太社團的衰落和同化是多種因素交織的過程，並非簡單的「通婚說」、「科舉說」、「中猶文化相似說」就能充分說明問題。當然，這幾種說法都有其合理性，但對開封猶太社團衰落原因的探究應注重對社團具體的環境和社會狀況的考察，而非僅從文化層面去尋求所謂衰落的「根本原因」，環境的惡化和社會的變遷是開封猶太社團衰落的重要原因。參見劉百陸：《開封猶太人碑文研究》（開封市：河南大學中國近代史碩士論文，2006年），頁71-74；劉百陸：〈開封猶太社團衰亡的環境社會史考察〉，《學海》2012年第4期。

人身分特徵的種種宗教文化習俗盡被毀棄。

貧困只是猶太社團的宗教信仰發生動搖的物質基礎，而社團所處的孤立封閉的社會環境使得這一人數較少的群體缺少必要的人員補充。如猶太人原本固守的族內婚便難以為繼，與外族通婚現象日益增多。「婚姻障礙的衝破無疑加劇了民族融合的進程」，[29]通婚使猶太社團補充了人口，但也逐漸改變了社團的人種族群特徵，使猶太人的外在樣貌與漢人無異。通婚的嚴重後果還體現在對猶太傳統民族文化的消解上，使社團的猶太性一步步褪去，向漢文化靠攏。在懷履光和大衛‧布朗的筆下，開封猶太人已完成同化過程，失去了作為猶太人所需的民族宗教文化素質。

貧困和環境因素固然重要，但還不足以解釋在世界歷史上面對同樣的困境，猶太人卻很少從整體上走向同化。所以，開封猶太社團的同化還應從文化層面上考察，分析猶太社團為何從整體上放棄民族信仰、一味模仿漢文化。在文化因素的考察上，學界有「科舉說」、「中猶文化相似說」、「寬容說」等解釋，但僅僅某一種說法並不能給人以較為信服的回答。近年，有學者從猶太教的儒化角度出發，對開封猶太社團的同化原因進行了深入的思考，認為猶太教的儒化是猶太社團同化的根本原因。儒家思想的多元化和相容性所造成的寬鬆的社會氛圍、儒學自身的宗教特質以及民族傳統教育的疏忽使猶太教最終完成儒化。[30]開封猶太社團從此失去了維繫族群信仰的紐帶與核心，同化進程至此完成。

---

29 張倩紅：〈開封猶太人被同化的原因新探〉，《二十一世紀》（香港）1995年2月號，總第27期。

30 參見張倩紅：〈從猶太教到儒教：開封猶太人同化的內在因素之研究〉，《世界宗教研究》2007年第1期。另見：潘光主編：《猶太研究在中國——三十年回顧：1978-2008》（上海市：上海社會科學院出版社，2008年版），頁193。

　　從世界範圍來看，猶太人發生同化恰恰是在客居地文化過於強勢，而猶太人又忽視民族傳統教育、一味擁抱主流文化的時候，「哈斯卡拉」後的猶太改宗潮便可充分說明問題。開封猶太社團置身於中華文化的汪洋大海中，幾個世紀以來處於極其封閉孤立的環境中，很難得到世界上其他猶太社團的文化支援，在經書遭損、民族傳統教育出現明顯滑坡而開封猶太社團又無力振興時，也一直沒有得到其他地區猶太社團的援助，成了丁韙良所稱的「孤立聚落」（orphan colony）。在這種情況下，強大的漢文化便「趁虛而入」，不斷地從內部瓦解著開封猶太文化賴以生存的根基。

　　而在猶太教不斷儒化、猶太宗教信仰不斷淡化的趨勢下，開封猶太社團的普遍貧困又反過來對猶太民族文化的消逝起了推動作用。猶太會堂遲遲不能重建，恢復宗教活動的願望也就無從談起。貧困也使經書等不斷為族人變賣，造成不可挽回的損失。在傳教士們的推動下，開封猶太人也極希望振興民族文化、擺脫同化命運，但貧困使他們無力實現這一切。正如一八五〇年趙念祖寫給英國駐廈門領事列敦的信所言：「面對這一切（即清真寺的被毀），我們內心傷痛，一直渴望著能修復清真寺，並委派掌教進行管理，但貧窮的現實，只能使我們的願望束之高閣」。[31]

　　而且，正如張綏所分析的那樣，開封猶太社團的人數太少了，其中的每個成員要更頻繁地與漢族社會交往。這種交往所帶來的文化交流顯然也是不對等的，猶太人更多地接受了漢文化，而漢文化受猶太文化的影響則微乎其微。所以，開封猶太社團的同化是通婚、寬容、科舉等多方面造成的，也是外在環境惡化使然。一系列自然和人文因素的交互影響改變了一個少數族裔的命運，「各種各樣因果關係的運

31　James Finn, *The Orphan Colony of Jews in China*, p. 40.

動，其結果就形成了這個民族在中國中原大地上被漢化的『青山遮不住，畢竟東流去』的局面」。[32]

---

32 張綏：《猶太教與中國開封猶太人》（上海市：生活・讀書・新知三聯書店，1990年版），頁64。

結語

　　除中國猶太社團文獻外，傳教士文獻是後人研究的主要借助史料。由於時代及個人因素，耶穌會士和新教傳教士探訪開封的目的並不相同。前者多出於純粹的宗教目的，其記載也多宗教內容。而後者則多為冒險獵奇而來，所留下的記載中有較多關於社團世俗生活的介紹。這些記載以書簡、報導等形式傳到西方，並廣泛地散見於各種書籍、報刊。應該說，耶穌會士和新教傳教士的功績還是應予以積極肯定的。他們為後人留下了珍貴記載，使開封猶太社團這一併無明確歷史意識的群體得以展現於世人眼前。基督教傳教士們的記載傳至西方後，直接促發了西方學界對開封猶太社團的關注和研究。根據羅文達、高斯坦、弗蘭克・約瑟夫・舒爾曼等編輯的中國猶太人研究書目，開封猶太社團吸引了來自英國、法國、美國、德國、義大利、荷蘭、挪威以及以色列等國學者的目光，並不斷有新的研究者加入。而在國內，也正是傳教士的記述使中國學者瞭解到獨居開封的猶太人。儘管一八三三年由德國傳教士郭士臘在廣州主持編纂的《東西洋考每月統計傳》中首次出現「猶太國」一詞，隨後在一八四〇年出版的漢譯《聖經》中也大量出現「猶太人」這一稱呼，[1]但大多數中國人對猶太人一無所知，遑論開封猶太人。中國學者中開猶太人研究先河的是清末的楊榮鋕和洪鈞，洪鈞在一八九七年發表的《元世各教名考》中稱：「聞諸西人，今河南開封仍有猶太人，華人不知，但以回回通

1　張倩紅、艾仁貴：《猶太文化》（北京市：人民出版社，2013年版），頁370。

之。」²這說明，中國早期的研究者也是從西方人的記載或研究中瞭解到開封猶太社團。

　　從傳教士與開封猶太社團的互動關係來看，後者對前者的態度也經歷了種種變化，交織著猜忌、信任與盲從，很大程度上折射出開封猶太社團的歷史變遷。開封猶太社團的明顯衰落至遲從十七世紀便已開始，早期的耶穌會士發現，開封猶太人對自身衰頹境況也有所察覺，對能解釋猶太民族宗教的耶穌會士態度也較為友好。十九世紀中期新教傳教士所看到的開封猶太社團則較為矛盾，整個社團充滿著掙扎。他們一方面痛心於民族沉淪，急於擺脫困境，故對傳教士心存幻想。在傳教士的推動下，他們也躍躍欲試，試圖重建教堂，學習希伯來文，並喚醒族人的民族文化意識。但另一方面，如當時中國人對西方人普遍存在的猜忌甚至仇視心理一樣，開封猶太社團也存在種種排斥來訪者的現象。除懷履光等熟悉中國文化及地方風土人情、與開封猶太人關係較為融洽者外，傳教士們普遍在開封停留時間較短，調查過程也不順利，多受阻撓，所留下的記載也多為片段。

　　傳教士們的到來沒能挽救開封猶太社團衰亡的歷史命運，但在客觀上改變了開封猶太社團的歷史演變軌跡。開封猶太社團寡居內陸，人數稀少，開封城市歷史上也多自然災害及兵患人禍；猶太社團本身不注重民族教育和文化傳承，其衰亡應屬必然。如前所述，開封猶太人並不瞭解本民族歷史文化，是來訪的傳教士說明他們逐漸認識到自身的「猶太」血緣和特徵。開封猶太人儘管逐漸失去了作為猶太人的種種文化表徵，但他們從傳教士那裡認定自己是猶太人，身為「猶太人」的心理此後便牢固確立，在一定程度上不斷警示和喚醒著猶太人避免同化、振興圖存。另一方面，傳教士正是利用開封猶太人急於實

2　轉引自張倩紅、艾仁貴：《猶太文化》（北京市：人民出版社，2013年版），頁371。

現復興的願望，透過種種手段，弄走了猶太人的許多文物。在會堂消失後，猶太人的經書等因傳教士的到來而不斷流失，社團衰落的趨勢進一步加快。傳教士活動對開封猶太社團的解體起著延緩和促進的複雜雙重作用，也反映出近代中國走向世界時的曲折歷程。

參考文獻

中文論著

（法）杜赫德編　鄭德弟譯　《耶穌會士書簡集——中國回憶錄》
　　（II）　鄭州市　大象出版社　2001年版

（法）費賴之著　馮承鈞譯　《在華耶穌會士列傳及書目》　北京市
　　中華書局　1995年版

（法）榮振華、（澳）李渡南等編著　耿昇譯　《中國的猶太人》
　　鄭州市　大象出版社　2005年版

（葡）曾德昭著　何高濟譯　李申校　《大中國志》　上海市　上海
　　古籍出版社　1998年版

方　豪　《中國天主教史人物傳》（中）　北京市　中華書局　1988
　　年影印版

王一沙　《中國猶太春秋》　北京市　海洋出版社　1992年版

江文漢　《中國古代基督教及開封猶太人：景教、元朝的也里可溫、
　　中國的猶太人》　知識出版社　1982年版

利瑪竇、金尼閣著　何高濟、王遵仲、李申譯　何兆武校　《利瑪竇
　　中國劄記》　北京市　中華書局　1983年版

利瑪竇著　劉俊餘、王玉川譯　《利瑪竇全集・利瑪竇中國傳教史》
　　臺北市　光啟出版社　1986年10月版

利瑪竇著　羅漁譯　《利瑪竇全集・利瑪竇書信集》　臺北市　光啟
　　出版社　1986年6月版

吳莉葦著　《中國禮儀之爭——文明的張力與權力的較量》　上海市　上海古籍出版社　2007年版

李天綱著　《中國禮儀之爭：歷史、文獻和意義》　上海市　上海古籍出版社　1998年版

李景文、張禮剛、劉百陸、趙光貴編校　張倩紅審定　《古代開封猶太人：中文文獻輯要與研究》　北京市　人民出版社　2011年版

張　綏　《猶太教與中國開封猶太人》　上海市　生活・讀書・新知三聯書店　1990年版

張星烺編注　朱傑勤校訂　《中西交通史料彙編》第3冊　北京市　中華書局　1978年版

張倩紅、艾仁貴　《猶太文化》　北京市　人民出版社　2013年版

陳　垣　《陳垣學術論文集》第1集　北京市　中華書局　1980年版

潘光主編　《猶太研究在中國——三十年回顧：1978-2008》　上海市　上海社會科學院出版社　2008年版

陳增輝　〈關於利瑪竇集中之猶太人艾氏〉　《協大學報》　福州市　福建協和大學中國文化研究委員會　1949年第1期

張相文　〈大梁訪碑記〉　《東方雜誌》　1910年第3期

徐伯勇　〈開封猶太人的幾個問題〉　《同濟大學學報》　1991年第2期

魏千志　〈中國猶太人定居開封時間考〉　《史學月刊》　1993年第5期

魏千志　〈中國古代猶太人姓氏變化考〉　《史學月刊》　1997年第2期

楊海軍　〈中國猶太人研究80年〉　《中國社會科學》　1994年第3期

劉百陸　〈開封猶太人碑文研究〉　開封市　河南大學中國近代史碩士論文　2006年

劉百陸　〈從碑文看開封猶太人道經〉　《學海》2011年第6期

劉百陸　〈開封猶太社團衰亡的環境社會史考察〉　《學海》2012年
　　　　第4期

李景文　〈古代開封猶太族裔經書存失之考察〉　《周口師範高等專
　　　　科學校學報》　1999年第1期

張禮剛　〈中國古代社會對開封猶太人的認識和態度〉　《華北水利
　　　　水電學院學報》（社科版）　2004年第1期

張倩紅、吉喆　〈西方傳教士視野中的開封猶太社團〉　《鄭州大學
　　　　學報》（哲學社會科學版）　2011年第1期

張倩紅　〈從猶太教到儒教：開封猶太人同化的內在因素之研究〉
　　　　《世界宗教研究》　2007年第1期

關　斌　〈開封的猶太人〉　《大公報・史地週刊》　第11版　1936
　　　　年8月26日

張倩紅　〈開封猶太人被同化的原因新探〉　《二十一世紀》（香
　　　　港）　1995年2月號　總第27期

英文論著

Donald Daniel Leslie, The Survival of the Chinese Jews: The Jewish
　　　　Community of Kaifeng, Leiden: E. J. Brill, 1972.

Michael Pollak, *Mandarins, Jews and Missionaries: The Jewish Experience
　　　　in the Chinese Empire*, Philadelphia: The Jewish Publication
　　　　Society of America, 1980.

James Finn, *The Orphan Colony of Jews in China*, London: James Nisbet
　　　　& Co., 1872.

James Finn, *The Jews in China: Their Synagogue, Their Scriptures, Their*

History, & c., London: B. Wertheim, Aldine Chambers, Paternoster Row, 1843.

William Charles White, *Chinese Jews: A Compilation of Matters Relating to the Jews of K'ai-feng Fu*, Toronto: University of Toronto Press, 1966.

W. A. P. Martin, *The Awakening of China*, New York: Doubleday, Page & Company, 1907.

W. A. P. Martin, The Chinese: Their Education, Philosophy and Letters, New York: Harper & Brothers, 1881.

W. A. P. Martin, *A Cycle of Cathay, or China, South and North with Personal Reminiscences*, New York: Fleming H. Revell Company, 1896.

James A. Muller, The Jews of Kaifeng Fu, in *Apostle of China: Samuel Isaac Joseph Schereschewsky, 1831-1906*, Morehouse Publishing Co., 1937.

S. M. Perlmann, *The History of the Jews in China*, London: R. Mazin & Co. Ltd., 1913.

Lewis C. Walmsley, *Bishop in Honan: Mission and Museum in the Life of William C. White*, Toronto: University of Toronto Press, 1974.

Hyman Kublin, *Jews in Old China: Some Western Views*, New York: Paragon Book Reprint Corp., 1971.

Hyman Kublin, *Studies of the Chinese Jews: Selections from Journals East and West*, New York: Paragon Book Reprint Corp., 1971.

Marcus N. Adler, "Chinese Jews", *Jewish Quarterly Review*, Vol, 13. No. 1(Oct., 1900), pp. 18-41.

William Charles White, The Chinese Jews of Kaifengfu in Honan, China Mission Year Book, Shanghai, 1913, pp. 162-165.

William Charles White, An Attempt to recognize the Chinese Jews of Kaifeng, *The Chinese Recorder*, Shanghai, Vol. L., No. II, November, 1919.

Berthold Laufer, A New Source for the History of the Chinese Jews, *American Journal of Semitic Language and Literature*, vol. XLVI, no. 3, April, 1930.

David A. Brown, Through the Eyes of an American Jew, *The American Hebrew and Jewish Tribune*, January to March 1933.

Rudolf Lowenthal, The Early Jews in China: A Supplementary Bibliography, *Folklore Studies* (Peking) V (1946).

Rudolf Lowenthal, The Nomenclature of Jews in China, *Monumenta Serica*, Vol. 12 (1947), pp. 97-126.

"Jews in China", *Journal of American Oriental Society*, vol. 2 (1851), pp. 341-342.

Frank Joseph Shulman, *The Chinese Jews and the Jewish Diaspora in China from the T'ang Period through the Early 1990s: A Classified Bibliography*, Prepared in Conjunction with the International Conference "Jewish Diasporas in China: Comparative and Historical Perspectives", Harvard University, August 1992.

史學研究叢書・歷史文化叢刊 0602022

基督教傳教士對中國猶太社團的調查和研究（1605-1945）

作　　者　張騰歡
責任編輯　官欣安
特約校稿　龔家祺

發 行 人　林慶彰
總 經 理　梁錦興
總 編 輯　張晏瑞
編 輯 所　萬卷樓圖書股份有限公司
　　　　　臺北市羅斯福路二段 41 號 6 樓之 3
　　　　　電話 (02)23216565
　　　　　傳真 (02)23218698

發　　行　萬卷樓圖書股份有限公司
　　　　　臺北市羅斯福路二段 41 號 6 樓之 3
　　　　　電話 (02)23216565
　　　　　傳真 (02)23218698
　　　　　電郵 SERVICE@WANJUAN.COM.TW
香港經銷　香港聯合書刊物流有限公司
　　　　　電話 (852)21502100
　　　　　傳真 (852)23560735

ISBN　978-986-478-537-7
2021 年 10 月初版
定價：新臺幣 280 元

如何購買本書：
1. 劃撥購書，請透過以下郵政劃撥帳號：
　 帳號：15624015
　 戶名：萬卷樓圖書股份有限公司
2. 轉帳購書，請透過以下帳戶
　 合作金庫銀行　古亭分行
　 戶名：萬卷樓圖書股份有限公司
　 帳號：0877717092596
3. 網路購書，請透過萬卷樓網站
　 網址 WWW.WANJUAN.COM.TW

大量購書，請直接聯繫我們，將有專人為
您服務。客服：(02)23216565 分機 610

如有缺頁、破損或裝訂錯誤，請寄回更換
版權所有・翻印必究
Copyright©2021 by WanJuanLou Books CO., Ltd.
All Rights Reserved　　　　　Printed in Taiwan

國家圖書館出版品預行編目資料

基督教傳教士對中國猶太社團的調查和研
究(1605-1945)/張騰歡著. -- 初版. -- 臺北
市 ： 萬卷樓圖書股份有限公司,2021.10
面 ；　公分. -- (史學研究叢書. 歷史文化
叢刊 ;602022)
ISBN 978-986-478-537-7(平裝)
1.猶太民族　2.基督教與猶太教　3.中國
536.87　　　　　　　　　　　110016140